D1690760

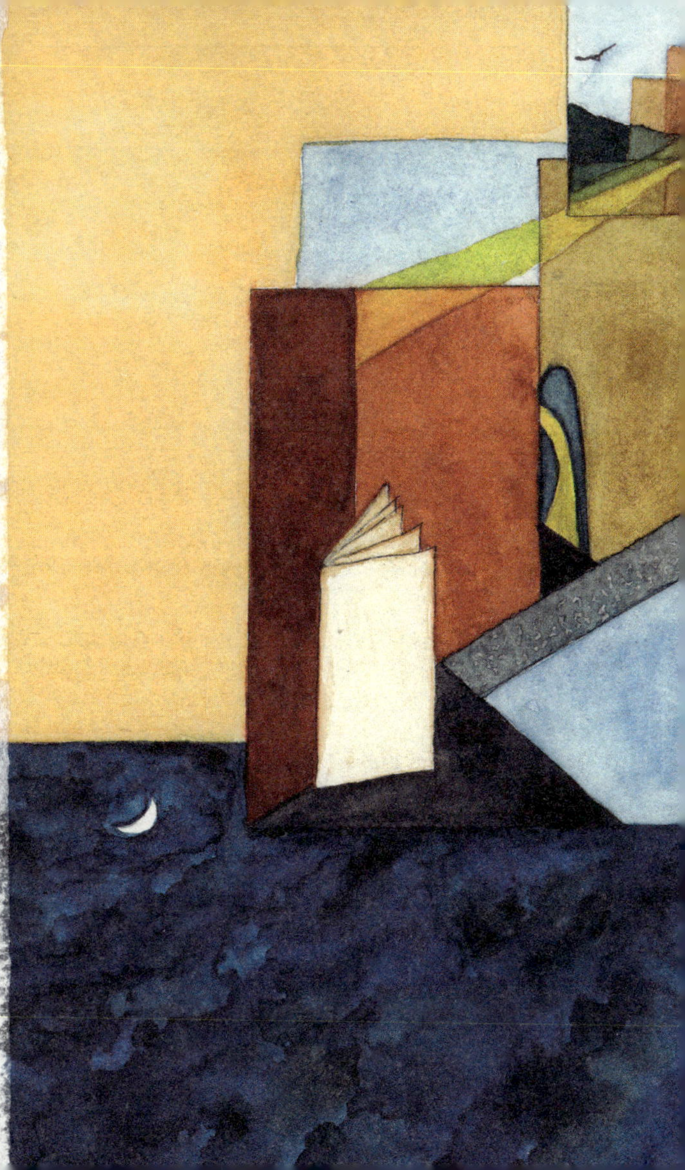

**DER AUTOR**

Rafik Schami wurde 1946 in Damaskus geboren. 1971 kam er nach Deutschland, studierte Chemie und legte 1979 seine Promotion ab. Heute lebt er in Marnheim (Pfalz). Er zählt zu den bedeutendsten Autoren deutscher Sprache. Sein Werk wurde in 33 Sprachen übersetzt. Bei Hirnkost erschien zuletzt: *Ich wollte nur Geschichten erzählen. Mosaik der Fremde* (in Kooperation mit dem Verlag Hans Schiler). *Meine sieben Erzählschulen* hat Rafik Schami anlässlich der Verleihung der Carl-Zuckmayer-Medaille des Landes Rheinland-Pfalz im Juni 2022 geschrieben.

Foto: © Arne Wesenberg

**Originalaugabe**
© 2024 Hirnkost KG, Lahnstraße 25, 12055 Berlin;
prverlag@hirnkost.de; https://www.hirnkost.de/
Alle Rechte vorbehalten
1. Auflage März 2024

**Vertrieb für den Buchhandel:**
Runge Verlagsauslieferung; msr@rungeva.de

**Privatkund:innen und Mailorder:**
https://shop.hirnkost.de/
**Unsere Bücher kann man auch abonnieren!**

**Titelbild und Illustrationen:** Root Leeb
**Layout:** Conny Agel
**Lektorat:** Sofie Lichtenstein

**ISBN:**
Print: 978-3-98857-024-6

Hirnkost versteht sich als engagierter Verlag
für engagierte Literatur. Mehr Infos:
https://www.hirnkost.de/der-engagierte-verlag/

Dieses Buch erscheint in einer einmaligen, auf 2.000 Exemplare limitierten Auflage. 500 Exemplare davon werden handsigniert von Rafik Schami und Root Leeb exklusiv im Hirnkost-Shop https://shop.hirnkost.de/ zur Förderung des Literaturwettbewerbs klimazukünfte2050 verkauft.

Rafik Schami

# Meine sieben Erzählschulen

Bemerkungen
beim Verweilen
in Carl Zuckmayers Oase

*Mit Bildern von Root Leeb*

HIRNKOST

Wir gehen durch eine traurige Zeit: Pandemien, Hungersnöte, Kriege, Naturkatastrophen, Millionen Menschen auf der Flucht ... Wenn diese Katastrophen von einzelnen Menschen verursacht werden, sind die Täter bekannt, und sie gehören vor Gericht. Es gibt allerdings einen Täter, der viel Leid zulässt, ohne dass er gesehen und zur Rechenschaft gezogen würde. Das ist die Gleichgültigkeit. Niemals wären Diktatoren so mächtig geworden, wenn nicht Millionen Menschen gleichgültig gewesen wären. Ich habe mich seit 2015 mit der Gleichgültigkeit und ihren Varianten in der Geschichte beschäftigt[1] und versuchte, einen Weg zu finden, um ihren Mantel, ihre Schutzhülle zu zerreißen – etwas, wozu auch die weiße Rose damals in einem Flugblatt aufgerufen hat.

Wir sollten in unserer Umgebung immer gegen die Gleichgültigkeit kämpfen; die Veränderung beginnt entweder im Kleinen, oder sie findet nicht statt. Wir sollten nicht auf die große Politik warten, damit sie etwas verändert, sondern lieber versuchen, uns und unsere unmittelbare Umgebung zu sensibilisieren; wir sollten daran denken, dass die Menschheit eine Familie ist und dass eine Naturkatastrophe, geflüchtete Menschen oder ein entrechtetes Volk uns alle persönlich angehen.

Meine Damen und Herren. Ich habe mich über den Preis sehr gefreut. Welch eine große Ehre, diese Medaille zu bekommen, die den Namen Carl Zuckmayers trägt. Er ist einer der bedeutendsten Weltautoren, und das nicht nur wegen erfolgreicher Werke wie *Der fröhliche Weinberg* oder *Des Teufels General*. Allein sein *Hauptmann von Köpenick* hätte schon das Potenzial gehabt, ihn unsterblich zu machen. Dieses Stück wurde von Thomas Mann (der nicht gerade leicht zu begeistern war) mit den Worten: »Die beste Komödie der Weltliteratur seit Gogols *Revisor*« gelobt. Und auch George Bernhard Shaw, der sicherlich nicht mit den Deutschen sympathisierte, bedachte das Stück mit den Worten: »The best continental play«. Er, der selbst mehr als zwanzig, zum größten Teil weltberühmte, Theaterstücke geschrieben hat, erkennt die Leistung Carl Zuckmayers ehrlich an. Er lobt allerdings *Der Hauptmann von Köpenick* nicht als »the best European play« oder gar »the best play in the world«, sondern nur als bestes Stück auf dem europäischen Festland. Georg Bernard Shaw bleibt eben Brite.

*Der Hauptman von Köpenick* ist eine harsche Kritik gegen Militarismus und Duckmäusertum. Das Theaterstück ist auf geniale Weise unterhaltsam und fern von jedweder Belehrung. Dazu auf Berlinerisch verfasst könnte es ironischer und für das Volk verständlicher nicht sein. Auch deshalb hassten Militär und Nazis den Verfasser.

Carl Zuckmayer liebte den Humor und lachte gerne und viel.

Meine Damen und Herren, bevor ich zur eigentlichen Dankesrede übergehe, noch ein paar kurze Bemerkungen:

Nach eingehendem Studium seiner Werke und seines Lebens habe ich große Achtung empfunden, als ich las, dass er im amerikanischen Exil lieber jahrelang mit seiner tapferen Frau Alice Herdan-Zuckmayer auf dem Feld seiner Farm ackerte, als sich in Hollywood unterzuordnen und demütigen zu lassen. Ein Autor, der in Berlin wie ein Prinz gelebt und erfolgreiche Drehbücher wie *Der blaue Engel* geschrieben hatte, beschloss, die erniedrigenden Bedingungen in Hollywood nicht zu akzeptieren und lieber als Pächter einer heruntergekommenen Farm seinen Lebensunterhalt zu verdienen. Wer mehr erfahren will, dem empfehle ich sehr sein autobiographisches Werk *Als wär's ein Stück von mir*. Aber bitte nicht liegend lesen. Das Buch ist fast 700 Seiten dick, also schwer, ein Ziegelstein.

Carl Zuckmayer war aufrichtig, und wir, die »Nachgeborenen«, sollten nicht Richter spielen. Wir sollten heute gnadenlos gegen alle diktatorischen Verbrecher sein, denn Verbrechen gegen die Menschlichkeit müssen sichtbar gemacht und angeklagt werden. Ich lehne es aber ab, den Richter über Vergangenes zu spielen, wer wen als Freunde hatte oder warum XY in Nazi-Deutschland blieb oder nach dem Weltkrieg die Schweiz oder Frankreich oder die damalige DDR als Wohnort gewählt hat.

Diese Richter werden nicht von Humanität, sondern von Arroganz geleitet. Ich habe nie Syrerinnen und Syrer kritisiert, die weiter schweigend unter Assad leben. Es ist nicht mein Recht, hier aus der freiheitlichen Ferne den Richter über die Entrechteten einer Diktatur zu spielen. Also bevor sich einige die Richterrobe anlegen und gegen deutsche Exilautoren wettern, die mit der Sowjetunion oder den Amerikanern sympathisierten, möchte ich zu bedenken geben, dass Russen wie Amerikaner damals Befreier waren.

Einen solchen Richter traf ich in Weimar: Ich habe 1996 den Auftrag und die Ehrung vom Hanser-Verlag bekommen, als erster Ausländer in der Literaturgeschichte ein Buch für Jugendliche und Erwachsene über Goethe zu schreiben. Essays, Magister- und Doktorarbeiten von Ausländern über den Dichterfürsten gab es mehr als genug, aber nichts für normalsterbliche Leser. Die Zeit erschien mir angesichts des großen Umfangs der *Münchner*

*Ausgabe* von Goethes sämtlichen Werken, die mir der Hanser-Verlag schenkte, zu knapp.

Ich habe dem Verleger Michael Krüger gesagt, dass ich sehr dankbar wäre, wenn ein Lyriker Goethes Lyrik in dem geplanten Buch betreuen würde. Ich kümmerte mich dann um die Rahmenhandlung, die Biografie und die Prosa des großen Meisters. Dr. Uwe-Michael Gutzschhahn, damals Lektor beim Hanser Verlag, nahm die Arbeit an und steht als Koautor mit auf dem Titelblatt.

Das Buch mit dem Titel *Der geheime Bericht über den Dichter Goethe* hat eine fiktive Rahmenhandlung und enthält viele Zitate aus seinem opulenten Werk. Es erschien zu seinem zweihundertfünfzigsten Geburtstag 1999, wurde ein großer Erfolg und vielfach von der Literaturkritik beachtet. Ich hatte die Freude und Ehre, drei Tage in seinem Haus in Weimar geladenen Gästen von ihm und seiner Achtung vor den Kulturen der Welt zu erzählen. Weimar feierte den Geburtstag des großen Meisters mit vielen nationalen und internationalen Künstlerinnen und Künstlern.[2]

Würdig, großzügig und offen. Es hätte dem Dichterfürsten aus Frankfurt gefallen; zudem war die Stadt in jenem Jahr Kulturhauptstadt Europas.

Auf dem Fest sagte mir ein Goethe-Experte auf eine etwas überhebliche Art und ziemlich trocken, er habe das Buch in drei Tagen gelesen. Die Geschichte sei spannend, aber es fehle die Kritik an Goethes Frauenaffären. Ich habe mich fast am Rotwein verschluckt.

»Herr Professor«, sagte ich, »wir feiern jetzt unseren genialen Dichter, und beim Feiern bespritzt man den Jubilar nicht mit Senf.«

Er hat mich nicht verstanden und bestand darauf, dass es im Buch ein kritisches Kapitel über Goethes Frauenaffären hätte geben müssen.

»Herr Professor«, sagte ich immer noch höflich, »mich interessiert bei Dichtern und Denkern die obere und nicht die untere Hälfte.«

Auch das hat er nicht verstanden. Ich wollte feiern und den Mann loswerden.

»Wer sind wir, dass wir detektivisch im Leben eines großen Humanisten wühlen und uns danach zu Richtern über seine Affären aufspielen? Haben Sie keine Frauenaffären?«

»Niemals! Wofür halten sie mich?«, rief er entsetzt.

»Schade!«, rief ich ihm entgegen und ging weg, um ihm nicht zu sagen, wofür ich ihn halte. Ich hätte mir bloß selbst die Feier verdorben.

Die einzige Kritik, die mir zu Carl Zuckmayer einfällt, ist seine Darstellung durch die Nachwelt. Seine Fotos, Büsten, ja sogar seine Medaille zeigen einen grimmigen Mann, der er nicht war. Bei der genannten Autobiografie sieht er auf dem Titelbild wie Herbert Wehner aus. Für die junge Generation, die diesen großartigen Sozialdemokraten vielleicht nicht kennt: Er war in Bonn eine Sensation, SPD-Fraktionschef und begleitete sowohl den Bundeskanzler Willy Brandt als auch Helmut Schmidt. Er lieferte sich mit Franz Josef Strauß berühmte Schimpfgefechte. Und er kritisierte und entlarvte den damaligen Freund von Pinochet und heutigen Freund von Baschar al Assad, Jürgen Todenhöfer, so hart, dass ich mich heute fast schäme, seine Worte wiederzugeben, aber ich muss gestehen, ich habe damals mit meinen chilenischen Exil-Freunden in Heidelberg Tränen gelacht.

## OASEN DER WÜSTE

Auf der langen abenteuerlichen Reise durch die Wüste des Exils sind Preise kleine Oasen der Ruhe, in deren Schatten ich einen Rückblick mache. Wohin der Blick schweift und worauf sich meine Augen richten werden, weiß ich im Voraus nicht, und es ist niemals gleich.

Diesmal sind mir die sieben Erzählschulen eingefallen. Ich dachte genauer über sie nach und versuchte sie voneinander abzugrenzen. Daraus wurde dieser Essay.

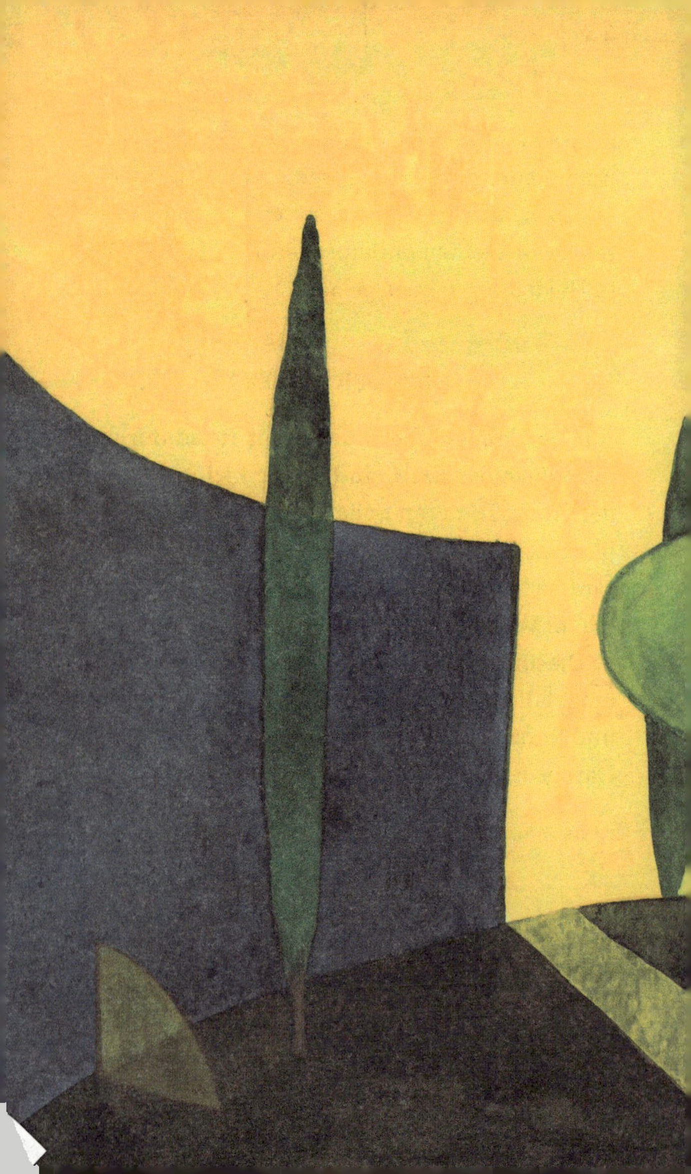

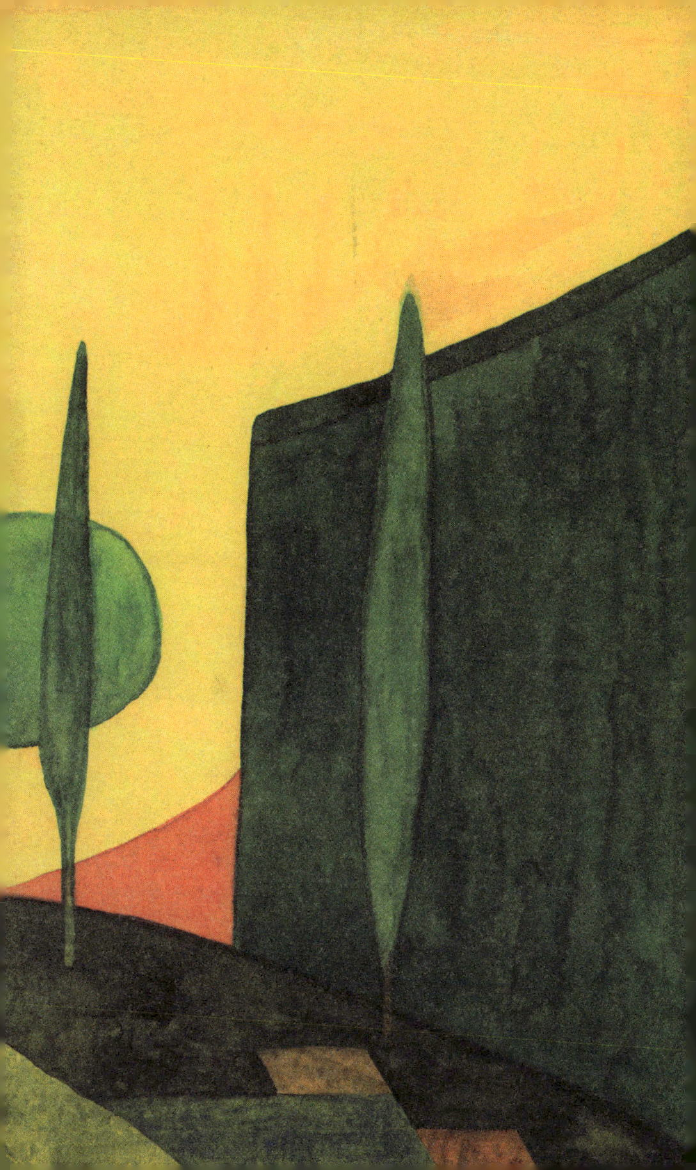

# Meine erste Erzählschule

## HERKUNFT, KINDHEIT, ELTERN, STRAßE UND SCHEHERAZADE

Ich komme aus einer christlich-aramäischen Familie, die in Damaskus lebte, aber aus dem schönen Dorf Maalula stammt. Das Dorf liegt etwa 60 km nördlich von Damaskus, hoch in den Qalamun-Gebirgen. Die Dorfbewohner sprechen heute noch Aramäisch, die Sprache Jesu Christi.

Meine Vorfahren waren Bauern, Handwerker, Pfarrer und Nonnen. Einer war sogar Räuber. Durch die Hungersnöte wanderten viele im 19. Jahrhundert nach Nord- und Südamerika aus. Soweit ich informiert bin, gab es in meiner Familie keine Dichter oder Gelehrten.

Ich gehörte zwei Minderheiten an: Ich war Aramäer unter den Arabern und Christ unter den Muslimen.

Die Angehörigen der Minderheiten neigen dazu, der Mehrheit ihres Landes oder ihrer Umgebung erzählend zu erklären, wer sie sind. Es ist ein Angebot und Handreichen, über die Abgründe der Ignoranz und der Vorurteile hinweg.

## MEINE ELTERN

Mein Vater war das erstgeborene Kind seiner Familie, und er trug den Namen seines Großvaters: Ibrahim. Die reiche Bauernfamilie war verhältnismäßig klein: drei Jungen und zwei Mädchen. Mein Vater wurde, wie es damals Sitte war, dazu bestimmt, später die Ländereien meines Großvaters zu leiten. Mein Großvater war uns Enkelkindern gegenüber die Güte in Person, aber er war ein harter Vater. Seine Frau war bösartig.

Mein Vater besuchte wie alle Kinder damals eine bescheidene Grundschule unter der Leitung des Dorfpfarrers. Einige Männer, die lesen konnten, unterrichteten die Kinder.

Er liebte die Bücher und die Schule. Der Pfarrer und die Lehrer empfahlen meinem Großvater, ihn in die weiterführende Schule in der Stadt zu schicken, doch dem Großvater erschien das alles nur als Spinnerei. Sein Sohn sollte ein wohlhabender Bauer werden. Er nahm meinen Vater gegen dessen Willen aus der Schule. Das blieb eine tiefe Wunde im

Herzen des jungen Ibrahim, und sie bewirkte eine innere Distanz zu seinem Vater und noch mehr zu seiner Mutter, die ihn ohnehin nicht mochte, da sie nur den nachgeborenen Sohn Georg abgöttisch liebte.

Mein Vater rebellierte gegen seinen Vater. Es gab immer wieder Streit. Der Bruch kam, als er mit siebzehn meine Mutter bei einer Fahrt nach Damaskus kennenlernte und sich in sie verliebte.

Meine Mutter stammte aus demselben Dorf, musste aber bereits als junges Mädchen in Damaskus als Dienstmädchen arbeiten. Ihr Vater war Schäfer. Durch ein Virus hatte er innerhalb von Tagen seine große Schafherde verloren und war in bittere Armut gestürzt. Seine älteren drei Kinder mussten in Damaskus bei den Reichen dienen, um mit ihren mageren Gehältern die Familie vor dem Hunger zu retten. Meine Mutter arbeitete bei einer französischen Familie als Dienstmädchen. Die Franzosen hielten damals Syrien und den Libanon besetzt.

Sie war als Kind schon gewandt, mutig und witzig und als junge Frau dann bezaubernd schön. Die Arbeit in Damaskus hat sie noch mutiger und freier gemacht, da die Herrin des Hauses, die Frau eines Generals, ihr Dienstmädchen sehr mochte. Sie selbst war kinderlos.

»Wie sollte ich nicht stolz werden, ich rettete mit zwölf Jahren schon meine Familie im Dorf vor Hunger«, sagte sie mir einst.

Jeden Sonntag hatte sie nach dem Gottesdienst einen halben Tag frei. Sie traf sich mit anderen armen Kindern aus Maalula, deren Armut sie ebenfalls zwang, in Damaskus zu arbeiten, an der Bushaltestelle, wo der Bus aus ihrem Dorf einmal am Tag gegen Mittag ankam. Dort konnte sie ihre Sehnsucht durch Gespräche mit Reisenden stillen, wodurch sie immer über ihr Dorf informiert war. Vier, fünf Jahre lang war sie jeden Sonntag da.

Und dann traf sie meinen Vater. Eine Liebe auf den ersten Blick, die ein Leben lang dauern sollte. Beide beschlossen, miteinander zu leben. Das war ein leichtsinniger Entschluss, den nur Verliebte fassen, denn er brachte sie in Gefahr, da für beide bereits eine Cousine beziehungsweise ein Cousin zur Heirat vorgesehen war.

Ich bin sehr dankbar für ihren Leichtsinn.

Mein Großvater, aufgehetzt von seiner Frau, befahl seinem Sohn, zurück nach Maalula zu kommen, dieser aber lehnte ab und flüchtete nach einem fehlgeschlagenen Mordversuch mit seiner Braut, meiner Mutter, nach Beirut. Dort verdingte er sich als Arbeiter in einer Bäckerei, lernte das Handwerk und kehrte erst Jahre später nach Damaskus zurück.

Durch die Vermittlung des Bischofs kam es zu einer Versöhnung, und so besuchte uns Großvater immer wieder. Er kam allein, da seine Frau meine Mutter nicht ausstehen konnte. Wir mochten sie auch nicht und vermissten sie daher nicht. Sie war uns gegenüber immer kalt und geizig.

Ich bin dann irgendwann im Jahre 1946 in der Abbara-Gasse zur Welt gekommen. Es ist natürlich ein Zufall, aber kurios genug:

»Maalula« bedeutet auf Aramäisch »Durchgang« oder »Eingang«, und »Abbara« bedeutet auf Arabisch dasselbe. Wann genau ich 1946 geboren wurde, das hat eine Geschichte, die ich nach dieser Rede erzählen werde.[3]

Mein Vater war als Bäcker erfolgreich. Wir wohnten im eigenen Haus und litten niemals Mangel an irgendetwas. Er hat uns alle, Mädchen wie Jungen, in die besten Schulen des christlichen Viertels geschickt. Ich habe von der ersten Klasse an die katholische Eliteschule Patriarchal College besucht und blieb, bis auf drei Jahre, die ich im libanesischen Erlöserkloster verbracht habe, bis zum Abitur dort.

Mein Vater war eine stille Person. Er las sehr gerne und schrieb Hefte über Hefte mit allen Sprüchen, Gebeten, Gedichten und Weisheiten voll. Er besaß eine schöne Bibliothek und hat uns ein paar Bücher verboten, wie etwa *Die berühmten Gerichtsprozesse der Geschichte*, die immer mit der Todesstrafe endeten. Doch ich habe sie alle heimlich gelesen. Er hat seinerseits auch in meiner Bibliothek die von mir sorgfältig versteckten Bücher alle gelesen und hin und wieder ironische Kommentare an den Rand geschrieben, was mich sehr ärgerte.

Bei Nietzsches *Die fröhliche Wissenschaft* schrieb er zum Beispiel neben die Stelle, an der es heißt, »Gott ist tot«[4]: »Hahaha, nicht Gott, sondern Nietzsche ist tot.«

Bei Lenin, und das werde ich nie vergessen, kommentierte er die Rede, in der er den Sozialismus nach dem Vorbild der deutschen Post organisieren wollte (die damals perfekt funktionierte): »Der kommunistische Staat ist nicht nach dem perfekten preußischen, sondern nach dem syrischen Postvorbild gebaut worden!«

Ich glaube aber bis heute, Lenin war ein Prophet. Er meinte, die Sowjetunion solle nach dem Vorbild der heutigen deutschen Post aufgebaut werden.[5] So sah sie dann auch aus und endete miserabel.

*Don Quijote* lernte ich legal durch seine Bibliothek kennen. Bei Cervantes, sagte er, habe er lachend eine Menge gelernt. Das sei doch das Geniale an diesem Autor.

Mein Vater las wie besessen und quälte sich wie viele Araber mit dem Auswendiglernen von Gedichten, philosophischen und theologischen Lehrsätzen. Er kannte die Bibel in- und auswendig.

Ich verdanke ihm viel: Von ihm lernte ich Geduld und Hartnäckigkeit. Sein bester Ratschlag half mir oft, wenn ich kurz vor der Verzweiflung stand. Vor allem in den sieben mageren Jahren, in denen meine Skripte beharrlich abgelehnt wurden (die später dann Welterfolge wurden):

»Gib nicht auf! Wirf eine Handvoll Lehm gegen eine weiße Wand, entweder bleibt er kleben, oder er hinterlässt Spuren.«

Jede Ablehnung war eine Ohrfeige. Ich verfluchte deren Absender und legte sie in einen Ordner mit der Aufschrift »Freundliche Ablehnungen«. Später reichte ich einen der abgelehnten Texte bei einem anderen Verlag ein. Mitte der Achtzigerjahre blieb der erste Lehmklumpen kleben.

Sein Bild hat sich in meinem Gedächtnis eingebrannt, wie er jeden Tag nach der harten

Arbeit in der Bäckerei eine Stunde las. Die Strenge wich von seinem Gesicht, oft lächelte er oder nickte, und manchmal schüttelte er den Kopf, als würde er einen Dialog mit dem Autor führen.

Meine Mutter war Analphabetin. Sie konnte aber sehr gut zuhören, und deshalb war sie äußerst klug und eine fantastische Erzählerin. Wenn man ihr eine lustige Geschichte erzählte, lachte sie heftig und geriet fast außer Atem, was mich ermunterte, lustige Anekdoten zu sammeln und zum Besten zu geben. Das war meine aufkeimende Zuneigung zum Humor.

Aber ihr verdanke ich nicht nur eine unendliche zärtliche Liebe und den Respekt vor Menschen unabhängig ihres Geschlechts, sondern auch eine ganz besondere Hilfe für einen Quantensprung auf meinem Weg zum Erzähler: Radio Kairo[6] verkündete die Sensation, die Geschichten der Scheherazade 1001 Nächte lang auszustrahlen, aber leider nachts um halb zwölf.

»Typisch«, stöhnte mein Vater. »Die guten Sendungen kommen immer dann, wenn Bäcker schon längst schlafen müssen, aber gutes, frisches Brot wollen die Herren vom Rundfunk schon jeden Tag haben.«

Meine Mutter wollte mir das Zuhören verbieten, doch nach langem Kampf einigten wir uns auf einen Kompromiss. Ich ging schon um sieben brav ins Bett, und meine Mutter weckte mich kurz vor halb zwölf wieder auf. Über zwei Jahre und acht Monate dauerte das, und Nacht für Nacht hielt meine Mutter ihr Wort und weckte mich pünktlich.

Ich schlich dann ins Zimmer meiner Eltern, wo das Radio, ein Schmuckstück mit dem magischen gelbgrünen Auge, stand.

Wir saßen im Dunkeln, um meinen schlafenden Vater nicht zu wecken. Als Bäcker musste er jeden Tag um vier Uhr aufstehen, aber er hatte sein Leben lang einen gesegneten tiefen Schlaf. Die Sendung begann immer mit der »Scheherazade«-Musik von Rimski-Korsakov, und dann folgte das Hörspiel. Wir lauschten eine halbe Stunde, bis der krähende

Hahn im Rundfunk das Zeichen gab, dass der Morgen dämmerte, und zwar immer dann, wenn die Geschichte am spannendsten wurde.

Ich eilte zurück in mein Bett und konnte oft nicht gleich einschlafen. Ich erfand Nacht für Nacht mehrere Varianten, wie die Geschichte weitergehen könnte. Oft, vor allem im ersten Jahr, lag ich daneben, weil Kinder immer nach Harmonie suchen, die Kunst aber nicht. Das war meine erste genussvolle Schulung. Ich lernte von Scheherazade, dass Erzählen Leben bedeutet und Schweigen dem Tod gleicht. Langeweile auch!

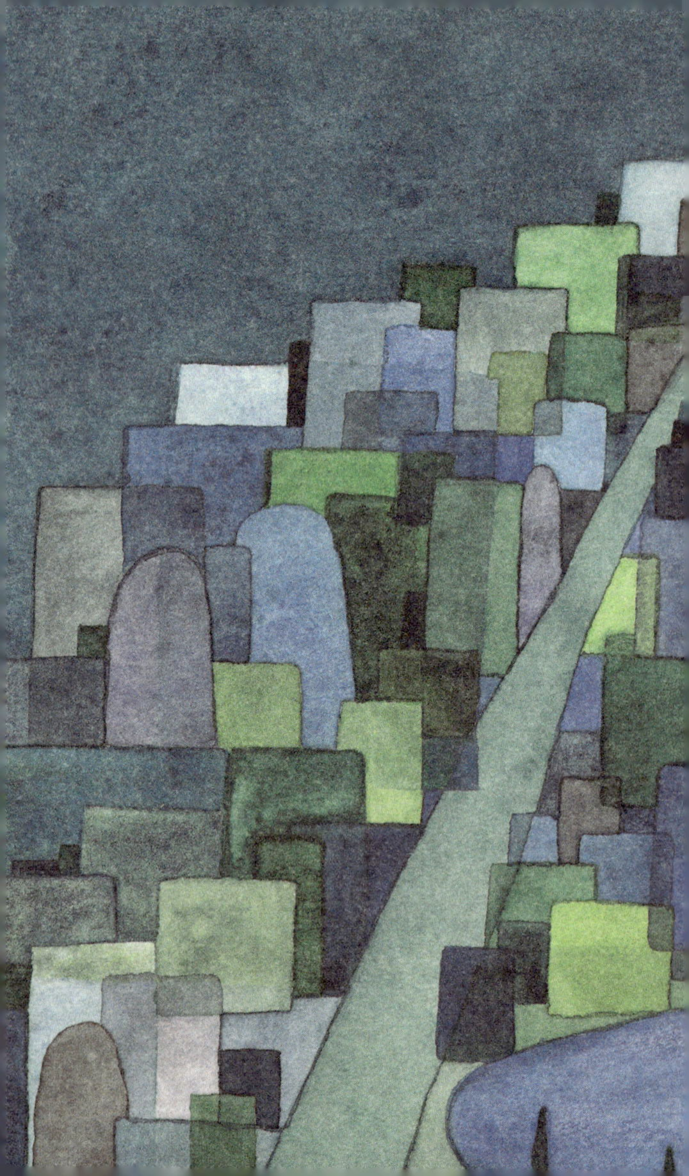

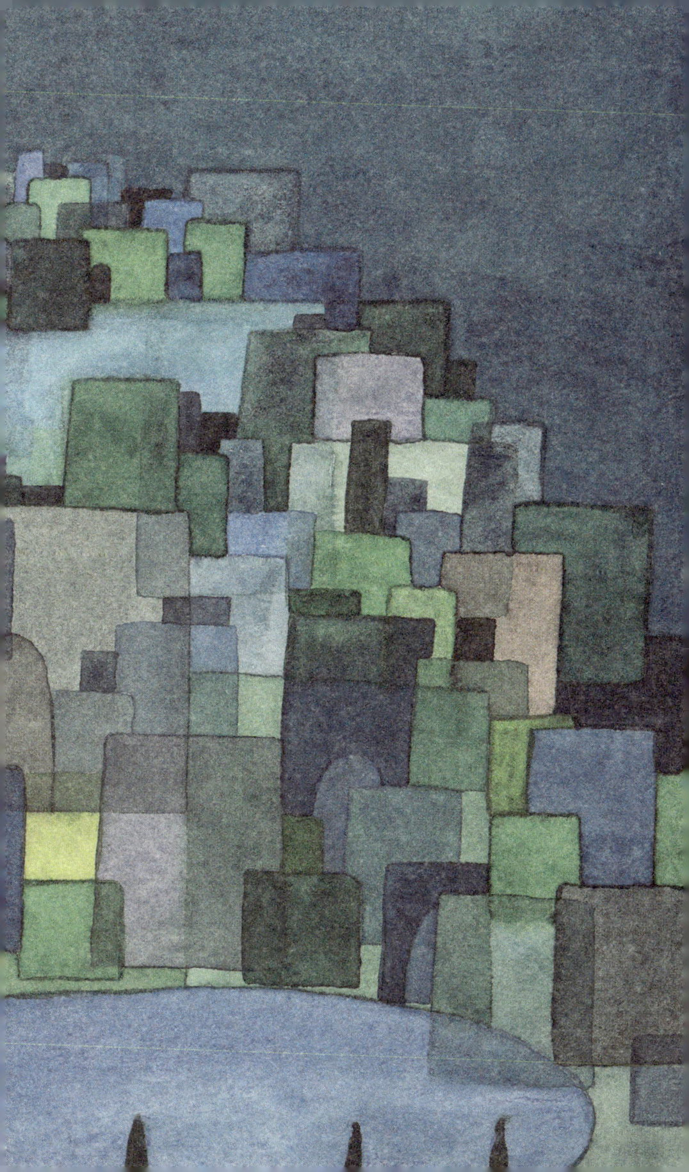

# Meine zweite Erzählschule

SCHULE, KLOSTER, ENTSCHEIDUNG
FÜRS ERZÄHLEN, WELTLITERATUR
UND CHEMIE

Meine Kindheit hätte sprachlich und kulturell nicht bunter sein können. Meine Eltern stammen, wie bereits erwähnt, aus Maalula. Sie sprachen mit uns Aramäisch. Ich wuchs aber in Damaskus auf, sprach auf der Straße Arabisch und besuchte eine Eliteschule der Christen, wo wir von der ersten Klasse an Französisch und ab der sechsten Klasse Englisch lernten. Dazwischen verbrachte ich drei Jahre in einem libanesischen Kloster, wo wir alles auf Französisch lernen und es auch im Alltag sprechen mussten.

Unser Haus lag in einer kleinen Gasse der Altstadt, durch die, der Legende nach, der geläuterte Paulus geflüchtet ist. Am Ende der Gasse liegt die Kapelle, die an seine Flucht über die Mauer erinnern soll. Hier wurden Wortlegenden zu Steinen.

Die Gasse verlief parallel zur Judengasse. In unserer Gasse lebten Kurden, Armenier, Tscherkessen, Araber und Aramäer.

In meiner Familie und Nachbarschaft las, abgesehen von meinem Vater, kaum jemand Bücher, aber die mündliche Erzählkunst beherrschten die älteren Frauen und Männer so gut, dass ich den traditionellen Hakawati im Café nahe der Omaijadenmoschee als langweiligen Marktschreier empfand.

Wir saßen im Innenhof, ich genoss die Geschichten und beobachtete, wie erwachsene Frauen und Männer hemmungslos lachten und weinten wie Kinder. Mir kamen die Erzählerinnen und Erzähler wie Zauberer vor, die die Emotionen der Menschen dirigierten. Von da an sehnte ich mich danach, diese Zauberkunst zu erlernen.

Vater aber wollte aus mir einen Pfarrer machen, nachdem er bei meinem älteren Bruder Mtanios (Antonius) gescheitert war. Er schickte mich in ein Kloster, den strengen Orden »Kloster des Erlösers«, circa fünfzig Kilometer südlich von Beirut. Etwa drei Jahre blieb ich dort und wurde kein Pfarrer, sondern ein Büchernarr. In diesem Kloster gab es eine der schönsten Bibliotheken der Welt.

Hier lernte ich viele Weltautoren kennen, z. B. Jules Verne – von ihm lernte ich die Regel:

Wenn man gut recherchiert, kann man gar nicht genug lügen.

Die Bibliothek wurde etwa zwanzig Jahre später im Bürgerkrieg zum größten Teil ausgeplündert und zerstört.

Ich litt im Kloster sehr, da mir alles fremd war und wir nie nach Hause fahren durften. Nach drei Jahren erkrankte ich an einer gefährlichen, eitrigen Meningitis. Die strengen und auch sadistischen Pfarrer hielten meine Ohnmachtsanfälle für gespielt und dachten, ich wolle mich vor der Erntearbeit drücken. Der unerwartete Besuch meines Vaters rettete mir das Leben. Als er meinen Zustand sah, tobte er. Ich wurde eiligst nach Beirut in das französische Krankenhaus *Hôtel Dieu* gebracht. Ich lag mehrere Wochen auf der Intensivstation, bis die Gefahr gebannt war.

Nach meiner Rückkehr entschied ich mich aus Abneigung gegen die Sprache des Klosters für Englisch als zweite Fremdsprache, zumal der Lehrer uns gesagt hatte, »Französisch ist »out«, Englisch sei »in«.

Durch meine Erkrankung konnte ich weder einen Streit körperlich austragen noch besonders sportlich sein. Mein kämpferischer Bruder Mtanios war vier Jahre älter als ich. Er war mein Schutzengel, niemand durfte mich auch nur böse anschauen, geschweige denn schlagen, sonst bekam er es mit ihm zu tun. Dafür habe ich ihn, der die Schule immer gehasst hat, in allen Fächern unterstützt, sodass er mit mir gemeinsam das Abitur bestand.

Vom Kloster zurückgekommen verschlang ich Berge billiger Tarzan-Romane von Edgar Rice Burroughs und die Krimis mit Arsène Lupin von Maurice Leblanc, die ich von Nachbarn bekommen hatte.

Eine bedeutende kostenlose Quelle für Romane war – neben den Bibliotheken meiner Schulkameraden – die amerikanische Bibliothek. Ein armenischer Schulkamerad hatte mich darauf aufmerksam gemacht, dass man dort Bücher gebührenfrei ausleihen konnte.

Da lernte ich dann die amerikanische Literatur kennen: die Klassiker von John Steinbeck, Pearl S. Buck William Faulkner, Jack

London (der meinen Vater ungeheuer beeindruckte) und Patricia Highsmith, aber auch die billigeren Erfolgsromane wie Harriet Beecher Stowes *Onkel Toms Hütte*, Lew Wallace, *Ben Hur*, und James Fenimore Cooper, *Lederstrumpf*.

In dieser Zeit habe ich zum ersten Mal auch die arabischen Autoren gelesen. Mir kamen die alten Klassiker und Volksgeschichten viel interessanter, mutiger und spannender vor als die Werke moderner Autoren, obwohl die Schule systematisch jede Lust auf die alten Meister tötete.

Die arabischen Länder waren zwar inzwischen zum größten Teil unabhängig, aber nur offiziell. Die Wirtschaft und vor allem die Köpfe waren immer noch kolonialisiert, sogar die der Kommunisten, wie ich noch erzählen werde. Eine Welle der Nachahmung französischer, amerikanischer oder englischer Autoren brachte nichts Neues oder Eigenständiges. Die Nachahmer wurden zu Miniaturausgaben ihrer Vorbilder, kleine Balzacs, Hemingways und andere beherrschten den Markt. Sie wurden mir sehr unsympathisch, weil sie bei jeder

Gelegenheit ihre Verachtung gegen die uralte arabische Tradition des mündlichen Erzählens kundtaten. Volksgeschichten galten für sie als primitiv. Ihr Vokabular hingegen stammte immer noch von den Kolonialherren. Das war Teil der Gehirnwäsche. Damals war ich viel zu jung, um historisch kulturelle Untersuchungen durchführen zu können, aber ich liebte die mündlichen Geschichten und war überzeugt, dass, wer auf seine Vergangenheit spuckt, von der Zukunft bespuckt wird.

Es ging mir nicht um eine Glorifizierung der Vergangenheit – wie es bei Nationalisten und Salafisten üblich ist –, sondern darum, diese Perlen und Juwelen der Erzählkunst vom Mantel der Zeit zu befreien und in unsere Zeit zu transformieren.

Die Diktatur, die das freie Wort erstickte, machte das mündliche Erzählen unmöglich, nur als lächerliche Folklore blieb es akzeptiert, in erster Linie für Pauschaltouristen, die die Länder millionenfach besuchten. Die Nachahmer wurden nie belangt oder wegen ihres Epigonentums zur Rechenschaft gezogen!

Denn unsere Diktaturen waren in den ersten Jahrzehnten nach der Besatzung nichts anderes als das Werk der diversen westlichen Geheimdienste.

Ich hatte Glück: Der Arabischlehrer in der siebten Klasse entdeckte meine Zuneigung zum freien Vortrag und mein sehr gutes Gedächtnis, und er wünschte sich, dass ich klassische Gedichte rezitierte oder alte Erzählungen einmal im Monat vor der Klasse vortrug. Ich bekam daher die beste Note für Hausaufgaben, die ich nicht machen musste.

Diese Auftritte und die Erzählungen für die Jugendlichen meiner Gasse waren meine Feuertaufe, denn die Schüler und die Neider wollten mich nicht erzählen lassen. Sie schnitten in der Klasse Grimassen, gähnten theatralisch gekünstelt und achteten darauf, dass der Lehrer, der meist ganz hinten im Raum stand, das nicht merkte. Auf der Gasse wurde ich dauernd unterbrochen von anderen Jungen, die angeblich besser erzählen konnten, aber dann nicht erzählen wollten. Im

Vergleich dazu sind deutsche Zuhörerinnen und Zuhörer ruhige Engel, ein sensibles Publikum, das meine Unabhängigkeit durch Zuneigung und Treue immer unterstützt hat.

Kurz vor dem Abitur stand mein Plan fest: Ich wollte Chemie studieren und in den Sommerferien Romane schreiben. Die Sommerferien in Syrien dauerten, wie in allen Ländern des Südens, drei Monate. Dafür haben die Schulen sonst kaum Ferien während des Jahres.

Chemie mochte ich sehr, da ich sehr viel über Alchimisten gelesen hatte. Ich war auch sehr neugierig, wie neue Materie aus alten Zutaten entstehen kann. Und ich habe ein gutes Gedächtnis und musste eine komplizierte Formel nur dreimal aufschreiben, dann war sie fest gespeichert. Dieses Mit-der-Hand-Schreiben wird später auch bei meinen literarischen Bemühungen eine Rolle spielen.

In dieser Zeit, ich war sechzehn oder siebzehn Jahre alt, trat ich der Kommunistischen Partei bei.

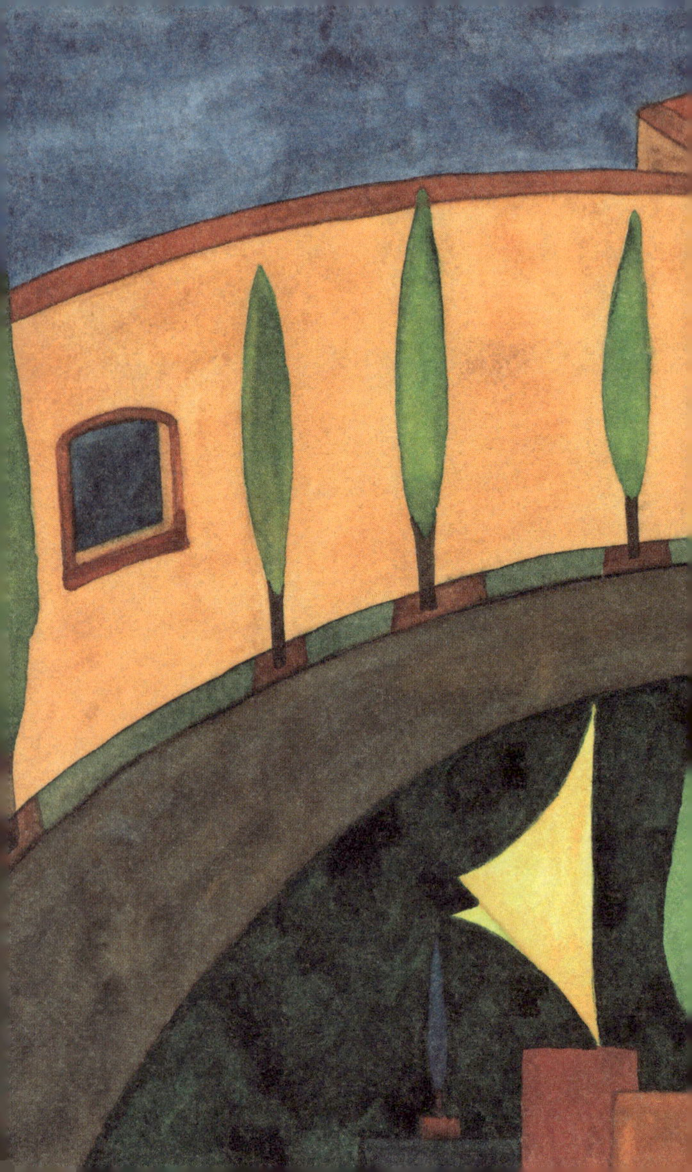

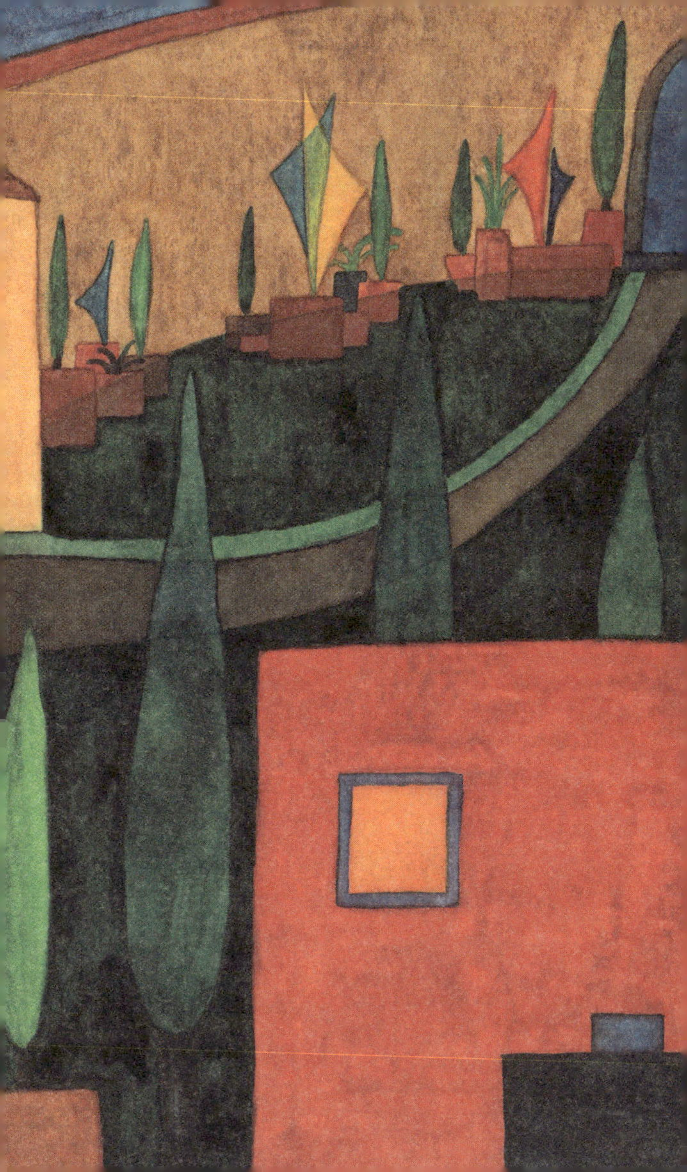

# Meine dritte Erzählschule

DIE KP, DIE UNI, DIE WANDZEITUNG,
LEHRER, STRAFVERSETZUNG UND
ERLEBNISSE AN DER FRONT

In meiner Jugend war die Bandbreite von Parteien sehr überschaubar. Islamisten, rassistische Nationalisten oder Kommunisten. Als Christ, der die Kirche nicht ausstehen konnte, Jesus aber dafür bewunderte, wie er sich mit den Armen solidarisierte, zog es mich zur KP – die war illegal, was auf mich als Sechzehnjährigen eine besondere Faszination ausübte. Ich wollte im Untergrund für die Befreiung der Gesellschaft kämpfen und stürzte mich in die kommunistische Literatur. Durch die umfangreichen Bibliotheken der Genossen lernte ich nicht nur russische, sondern auch revolutionäre französische, englische und spanische Dichter und Autoren kennen.

Ich las mich durch die politischen, philosophischen und literarischen Werke von Kommunisten und war fasziniert von der Utopie einer gerechten Gesellschaft. Doch bald bekam ich die raue Wirklichkeit zu spüren.

Im Abiturjahr reifte meine Idee, eine Wandzeitung für meine Gasse zu produzieren. Bald hatte ich eine engagierte Gruppe von

Freunden um mich geschart. Wir nannten sie ungeniert: »Al Muntalak«, der Auftakt, der Startpunkt.

Wir schrieben die Artikel per Hand mit gepflegter Schrift und klebten die Artikel auf ein Brett. Ein Glasmacher machte dafür Rahmen und Glastür, die Nachbarn, an deren Mauer die Zeitung hing, spendeten eine Neonlampe, so dass die Leute auch abends lesen konnten. Einer von uns stand bereit, um denen, die nicht lesen konnten, laut vorzulesen. Für die Kinder machten wir unten auf Augenhöhe ein extra Programm. Es gab Geschichten, Satiren und Karikaturen, die wir aus der Weltpresse klauten.

Ein KP-Funktionär fand die Zeitung »kleinbürgerlich«, das war damals ein Schimpfwort, aber es konnte mich nicht beeindrucken, da er mir zu konservativ erschien. Alle anderen Redakteure waren sowieso keine KP-Mitglieder und lachten Tränen über den Funktionär, der im Sommer mit Krawatte und Anzug herumlief. Josef, mein Kindheitsfreund, ein Zyniker par excellence, sagte einmal:

»Das einzige Kommunistische an diesem Mann ist seine rote Krawatte.«

Ich werde den Anblick nie vergessen, der sich mir bot, wenn ich spät aus der Uni kam, in die Gasse einbog und schon aus der Ferne die Menschenansammlung vor der Wandzeitung unter der Neonlampe sah. Ihre Debatten und ihr Lachen erfrischten mein Herz. Ich war meist erschöpft, doch ich warf nur schnell die Bücher auf das Sofa in meinem Zimmer und eilte dorthin.

Die Arbeit an der Wandzeitung hat mich eines gelehrt. Erst wenn das humanistische Wissen den Geist und die Herzen der Menschen erreicht, ist es eine Weisheit. Das war ein entscheidender Augenblick meines Lebens, denn die KP-Zeitung *Nidal al Scha'b* (»Der Volkskampf«), die ich unter Lebensgefahr verteilte, war totlangweilig. Menschen, die mir gegenüber ehrlich waren, sagten, sie würden die Zeitung nur aus Mitleid mit mir annehmen. Ich fand sie nicht nur langweilig, mich störten auch die Lobeshymnen auf die Sowjetunion und den »heldenhaften« Generalsekretär der syrischen Partei[7], und auch, dass nie ein Wort der Kritik gegen die syrische Diktatur geäußert wurde, sondern nur gegen die der Philippinen oder die von Guatemala. Ich schlug der Lokalführung die Gründung einer Jugendzeitschrift vor, die Probleme der Jugend behandeln und spannend erzählen sollte, sodass die Partei, die fast »jugendfrei« war, endlich neues Leben bekäme.

Ich solle einen Entwurf machen, hieß es.

Ich habe ihn in zwei Monaten härtester Arbeit fertiggestellt, und zwar nicht allein, der bereits erwähnte Josef hat mir geholfen. Er war sehr belesen und hatte Jean-Paul Sartre, Simone de Beauvoir und Wilhelm Reich studiert. Er schrieb über Sexualität und ihre Rolle bei der Unterdrückung einer Gesellschaft und lobte die Rebellion der 68er Studenten. Ich fertigte zwei Abhandlungen an: die erste über die mündliche Erzählkunst und die zweite über die arabische Sippe, die uns die Hände fesselte und die wir unbedingt überwinden mussten. Es gab außerdem Satiren und Lyrik, Karikaturen und die ironische Besprechung eines Moralbuches.

Als wir nach beendeter Arbeit erschöpft einen Tee bei mir tranken, sagte Josef:

»Wenn die KP die Zeitschrift genehmigt, werde ich als erster Antikommunist in die KP eintreten.«

Ich war gerührt und kam mir wie ein Schäfer vor, der eine rebellische Ziege in die Herde zurückbringt.

Bei der Arbeit an dieser Zeitschrift erfand ich auch meinen späteren Künstlernamen Rafik Schami, was »Damaszener Freund« oder »Damaszener Genosse« bedeutet.

Doch Josef musste nicht in die KP eintreten. Ich legte dem Zentralkomitee eine Kopie unserer geplanten Zeitschrift vor. Ein Genosse des ZK namens Jaakub Karro[8] kam und erklärte mir, warum die Zeitschrift nicht erscheinen werde. Sie sei gegen die Tradition (er meinte meinen Artikel gegen die arabische Sippe) und provoziere mit mehreren Satiren gegen das Militär. Das war eine gemeinsame Arbeit von Josef und mir, die Ausdruck unserer Verachtung der Diktatur war. Wir ahnten nicht, dass die Parteiführung auf Befehl von Moskau mit der

Regierung über Ministerposten verhandelte. Vor diesem Hintergrund sollten wir natürlich den sozialistischen Realismus loben. Aber das Schlimmste waren nach Karros Aussage diese amoralischen, ausführlichen Zitate über Sex von Wilhelm Reich und Simone de Beauvoir.

Ich wurde zornig und sagte ihm zwar höflich, aber entschlossen, dass ich, wenn die Partei die Zeitschrift nicht herausgäbe, ich es dann privat machen würde. Das war Übermut. Dafür bekam ich eine Woche später die Strafe: »Einfrieren der Mitgliedschaft des Genossen Rafik Schami für drei Monate« ... Wie man spätestens hier sieht, war die KP eine Marionette der Sowjetunion, denn wäre sie selbständig gewesen, hätte sie eine andere Strafe verhängt: »Die Mitgliedschaft des Genossen Rafik Schami wird für drei Monate in die Wüste geschickt.«

In der Wüste wird man elendig umkommen (oder weise zurückkehren). Aber Einfrieren! In Damaskus? Bei 45°C im Schatten?

Eine große Hoffnung starb damals in meinem Herzen. Die Partei spaltete sich später, und ich war in der antistalinistischen Fraktion, aber ich hatte bald festgestellt, dass die Struktur der neuen Partei nicht anders war als die der alten. Ich wurde zu einer Karteileiche und kümmerte mich um die Wandzeitung bis zu deren Verbot. Ohnehin hatte ich alle Hände voll zu tun: Mein Studium und die zusätzliche Arbeit als Privatlehrer für Kinder reicher christlicher Familien waren kaum zu bewältigen. Das tat ich, um Geld zu verdienen und unabhängig von meinem strengen Vater zu werden. Das Geld half mir 1970 schließlich, Syrien zu verlassen, aber dazu später mehr.

Meine endgültige Trennung von der Idee des Kommunismus brauchte noch längere Zeit, aber auch das ist eine andere Geschichte.

Ich studierte in Damaskus Chemie, Physik und Mathematik und beschäftigte mich mit der Kunst des mündlichen Erzählens.

Immer mehr kam ich zu der Überzeugung, dass gute Literatur niemals durch Nachahmung entstehen kann. Ich beschloss damals, die mündliche Erzählkunst in unsere moderne Zeit zu transformieren. Mich interessierten

Prinzen und Prinzessinnen der klassischen Märchen nicht, die dauernd in Ohnmacht fallen, wenn sie sich verlieben. Ich war oft verliebt, fiel jedoch nie in Ohnmacht.

Ich wollte über unseren Alltag und unsere Probleme schreiben, wollte das in Geschichten einfangen und diese dann erzählen.

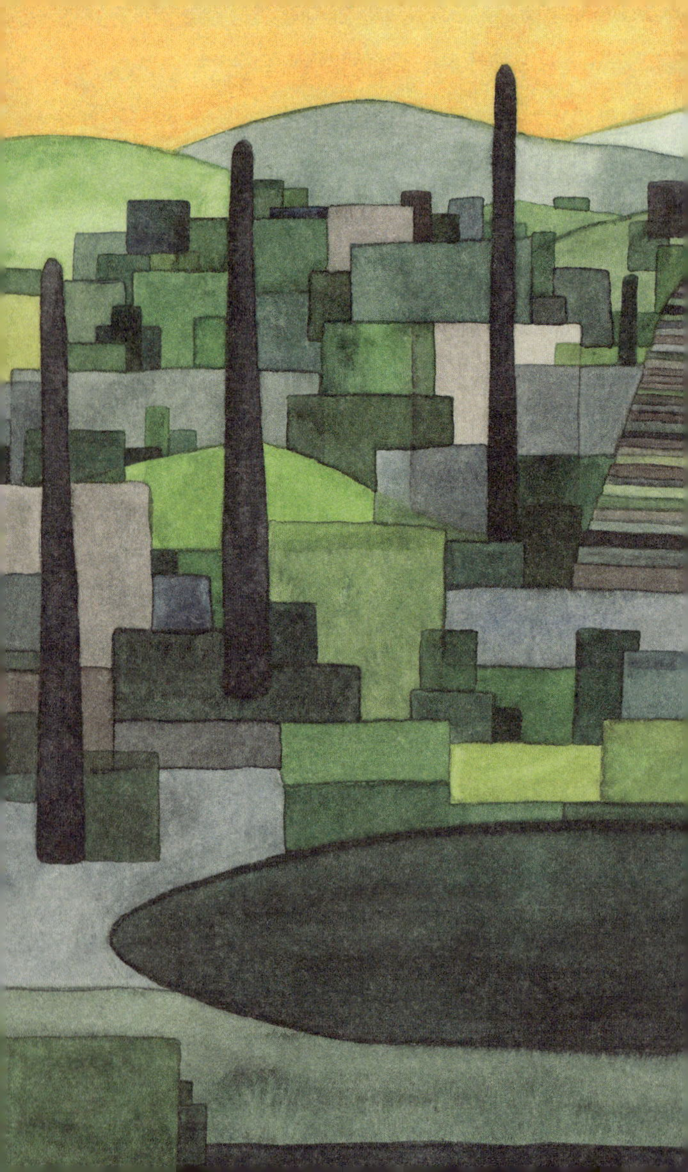

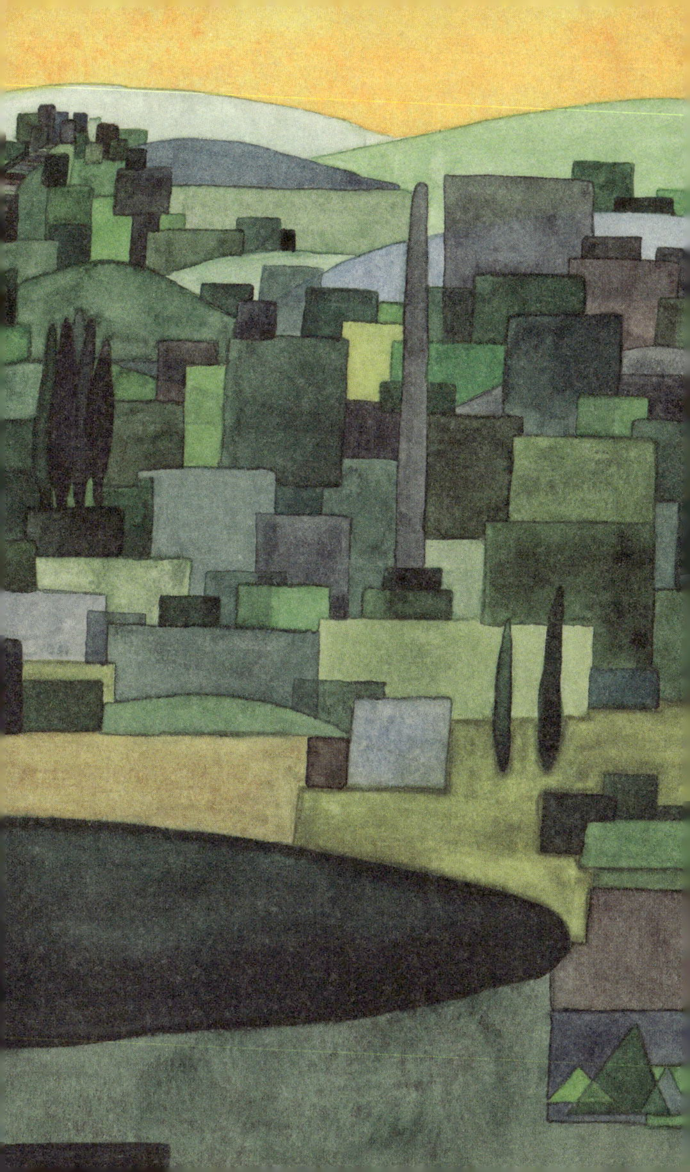

# Meine vierte Erzählschule

DIE AUFGEZWUNGENE AUSWANDERUNG
UND DIE HOFFNUNG AUF BEFREIUNG

Ich muss gestehen, ich gab mich lange der Illusion hin, ich würde Lehrer und gleichzeitig Schriftsteller in Syrien sein. Ich fing auch an, Kurzgeschichten zu veröffentlichen. Bald aber erkannte ich, dass die Veröffentlichung in den staatlichen Zeitschriften und Zeitungen nur für regimetreue Autoren reserviert ist. Immerhin wurde mein satirisches Theaterstück über die miserablen Maßnahmen der Regierung, die bedürftigen siebzig Prozent der Bevölkerung zu alphabetisieren, von einem Regisseur (Chaldun al Maleh) angenommen. Er lud mich zu sich ins Studio ein und war überrascht, dass ich noch so jung war. Das Stück hat er später verwässert und erweitert unter seinem eigenen Namen herausgebracht. Dass viele Schüler und mein Arabischlehrer von seinem Raub wussten, kümmerte ihn wenig. Er war bis zu seinem Tod im Jahr 2016 ein treuer Regimeanhänger.

Ich merkte, wie die Atmosphäre um mich herum immer bedrückender wurde. Als dann die Wandzeitung verboten wurde, entschloss ich mich, das Land zu verlassen. Darüber habe ich bereits früher geschrieben:

> »Kurz und mit fast englischer Höflichkeit verbot mir ein junger Beamter die weitere Herausgabe der Zeitung. Dieser Alptraum bleibt für immer in meiner Erinnerung. Damaskus ist eine Perle im Herbst. Ich lief damals weinend vor Wut und verzweifelt durch die Stadt. Vielleicht ahnte ich schon, was alles noch kommen sollte. Denn Worte rauben und verbieten heißt nichts anderes als entwurzeln.«[9]

Auch in der Schule wurde es für mich schwieriger. Ich wurde angezeigt und an die Grenze zu Israel strafversetzt. In diesem Teil Syriens habe ich eine der intensivsten Zeiten meines Lebens verbracht: Wir alle, die dort arbeiteten, waren strafversetzt, einschließlich des Schulleiters, aber das ist eine andere Geschichte, über die ich eines Tages noch schreiben möchte.

Nun stand ich da, mit Diplom in den Fächern Chemie, Physik und Mathematik. Ich sollte bald den Militärdienst leisten, zweieinhalb

Jahre lang! Es stand fest, dass ich als Chemiker noch länger würde bleiben müssen, denn wer in der Chemiewaffenabteilung mitforschte, war ein Geheimnisträger und durfte das Land nicht verlassen – wenn er denn überhaupt jemals aus der Armee entlassen wurde.

Mein Vater lehnte ab, mich zu unterstützen. Er wollte, dass ich in Damaskus bleibe und neben meinem Lehrerberuf all seine Besitztümer verwalte.

Ich habe genug Kritik gegen die Sippen-Herrschaft formuliert, all meine Romane beschreiben dieses diktatorische System, aus dem die Herrschaft in den arabischen Ländern ihr Elixier saugt, deshalb erspare ich Ihnen an dieser Stelle weitere Ausführungen darüber.

Mein Vater, der in seiner Jugend selbst dagegen rebelliert hatte, war ein Teil des Systems geworden.

Eine gescheiterte Liebe gab mir den letzten Schub, und ich sprang in das eiskalte Wasser des Exils, ohne irgendwelche Beziehungen oder Kontakte.

Die heutigen Diktaturen haben nichts erfunden. Schon in der Antike waren Schriftsteller der Zensur und Verfolgung durch die Staatsmacht ausgesetzt, sodass sie ihre Werke im Exil verfassen mussten, wie etwa Ovid oder mein Lieblingsautor der Antike, der syrisch-griechische Autor Lukian von Samosata (120–180).[10]

Ich verließ Syrien legal und wartete in Beirut auf die Zulassung an einer der fünfzehn Universitäten (von Australien bis Kanada), denen ich geschrieben hatte. Ich suchte keinen Studienplatz, sondern eine Promotionsmöglichkeit. Die Deutschen waren die Schnellsten. Ich bekam zwei Zusagen, aus Göttingen und aus Heidelberg. Göttingen lag auf meiner winzigen Deutschlandkarte sehr nah an der Grenze zur DDR – dem Verbündeten des Assad-Regimes, Heidelberg dagegen an der Grenze zu Frankreich, und Paris winkte mir aus der winzigen Karte entgegen. Ich beschloss also, nach Heidelberg zu gehen.

Auch den Augenblick meiner Ankunft am Frankfurter Flughafen habe ich bereits beschrieben:

»Draußen war es eiskalt. Ich schaute nach hinten, und es überfiel mich eine unsagbare Trauer. Alle Brücken hinter mir waren eingestürzt. Ich hatte meine Heimat verloren. Ich würde meine Mutter, meinen Vater und meine Geschwister nicht mehr sehen, meine Freunde nicht mehr empfangen, meine Gasse und meine geliebte Stadt Damaskus nicht mehr betreten. In jenem Augenblick beschloss ich, meine Angst zu besiegen. Wer sollte mir nach diesem herben Verlust noch Angst machen?

Heute kann ich sagen: Damals in Frankfurt bin ich zum zweiten Mal geboren worden.

Deshalb vergesse ich jenen Freitag, den 19. März 1971, nie, auch nicht den Satz, den ich auf Arabisch flüsterte: Ana hurr, ich bin frei.«[II]

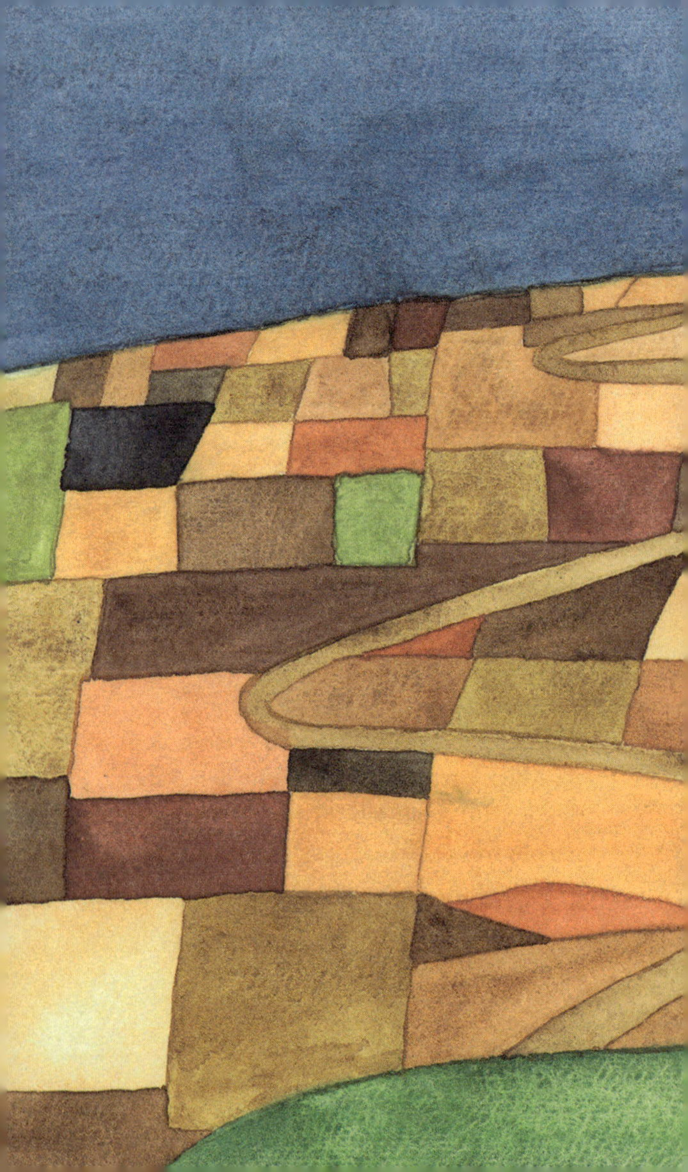

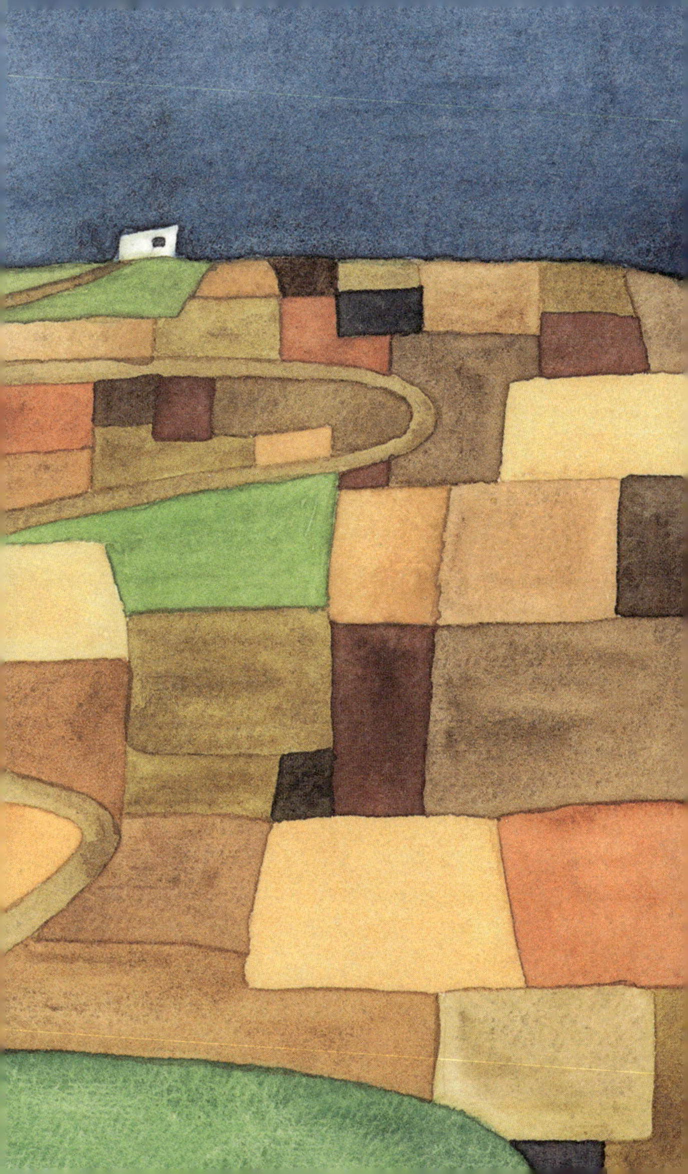

# Meine fünfte Erzählschule

EXIL, GEFAHR UND NEUER ANFANG
IN FREIHEIT

V or 26 Jahren schrieb ich meine Rede »Hürdenlauf«. Darin fasste ich meine Exilerfahrung zusammen:

> »Nach fünfundzwanzig Jahren kenne ich nun viele Fallgruben, Sackgassen, tödliche Ecken, aber auch freundliche Nischen meines Exils. Ich habe sie markiert und viele Gänge mit Schildern versehen, damit ich mich nicht nur zurechtfinde, sondern auch meine knappe Zeit auf Erden nicht durch sinnlose Wiederholung verliere. Zeit ist der höchste Preis, den ein Schriftsteller für seine freiwillige Disziplin bekommt.«[12]

Das Exil hat einen Januskopf, Anfang und Ende, Leben und Tod, Licht und Dunkelheit. Auf der einen Seite befindet sich das Antlitz eines tödlichen nimmersatten Monsters, das die klügsten und feinsten Menschen verschlingt, auf der anderen Seite das eines rettenden Befreiers der Exilanten. Die Opfer des einen Gesichts sind u. a. Walter Benjamin,

Kurt Tucholsky, Ernst Toller, Walter Hasenclever, Stefan Zweig und Ernst Weiß.

Natürlich ist Selbstmord eine Tat mit kompliziertem Hintergrund, und sehr selten gleichen sich die Ursachen zweier Selbstmorde. Bei Exilanten sind die Hoffnungslosigkeit durch den großen Verlust alles Bisherigen und die Kälte des Neuen zwei der wichtigsten Gründe. Die Geburtshelferin der Kälte gegenüber dem Fremden ist die Gleichgültigkeit.

Exil kann man nicht lernen. Es ist immer eine neue Erfahrung für jede und jeden. Für mich war es der Anfang eines neuen Lebens, frei von Angst und Abhängigkeit. Auch viele deutsche Autoren überlebten das bittere Exil wie etwa Bertolt Brecht, Thomas Mann, Else Lasker-Schüler, Anna Seghers und Hilde Domin, die ihren Künstlernamen in Dankbarkeit gegenüber der Dominikanischen Republik wählte.

Ich habe viel über meine Erfahrungen im neuen Land, über gute wie schlechte Überraschungen nachgedacht und auch geschrieben.

Heute will ich mich auf die Einflüsse des Exillandes auf meine Literatur konzentrieren.

Ich kann übertreiben, wie ich will, aber ich kann den positiven Einfluss der Freiheit auf mich und meine Literatur nicht genug betonen. Plötzlich spürte ich, wie die Fesseln der Sippe und des syrischen Geheimdienstes von mir abfielen. Für diejenigen, die seit ihrer Geburt in Freiheit leben, ist das kaum nachvollziehbar. Sie können es sich vielleicht vorstellen, aber nicht fühlen, weil sie nie unter der Kontrolle von fünfzehn Geheimdiensten und fünfunddreißig verschiedenen Tanten und Onkeln standen.

Auf die Literatur wirkt Freiheit wie frische Luft. Selbstverständlich entstehen Werke auch unter dem Zustand absoluter Unterdrückung, aber je ausgeklügelter ein menschenverachtendes System ist, umso geringer wird die Chance auf gute Literatur. In über siebzig Jahren stalinistischer und realsozialistischer Herrschaft haben zigtausend russische Autorinnen und Autoren nicht einmal halb so viel Weltliteratur produziert, wie es die Autoren Fjodor Dostojewski, Lew Tolstoi, Iwan Turgenjew und Anton Tschechow unter den Zaren vermocht haben.

Der große Einfluss der deutschen Sprache war der nächste Faktor, der meine Literatur beeinflusste.

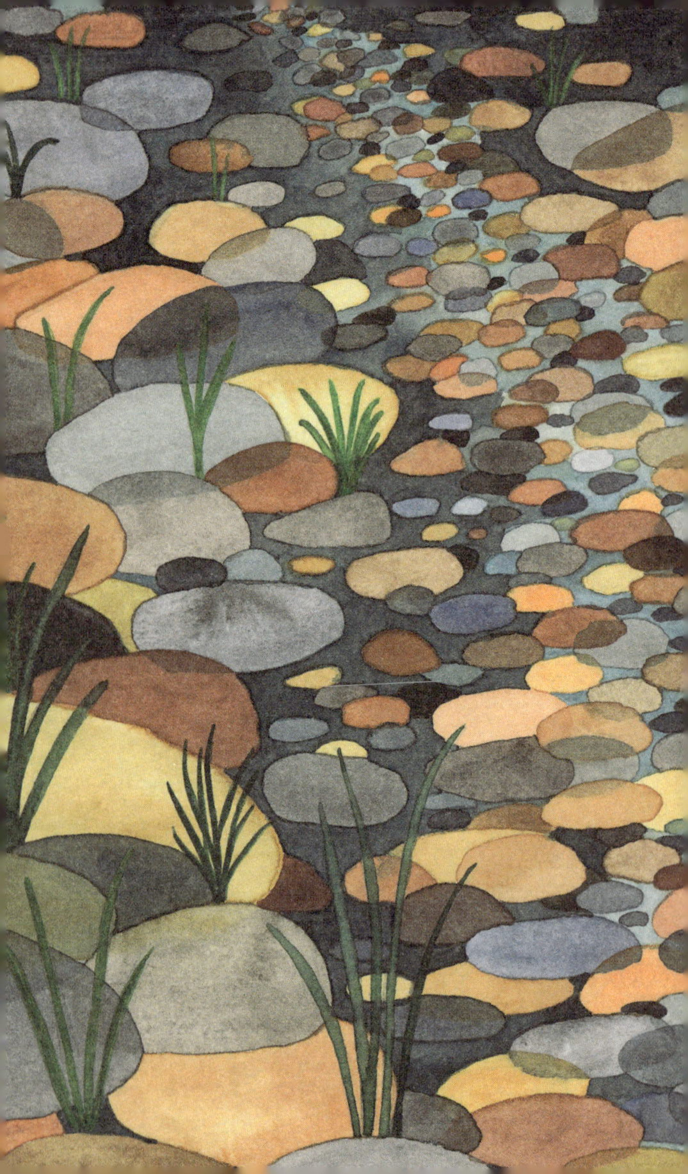

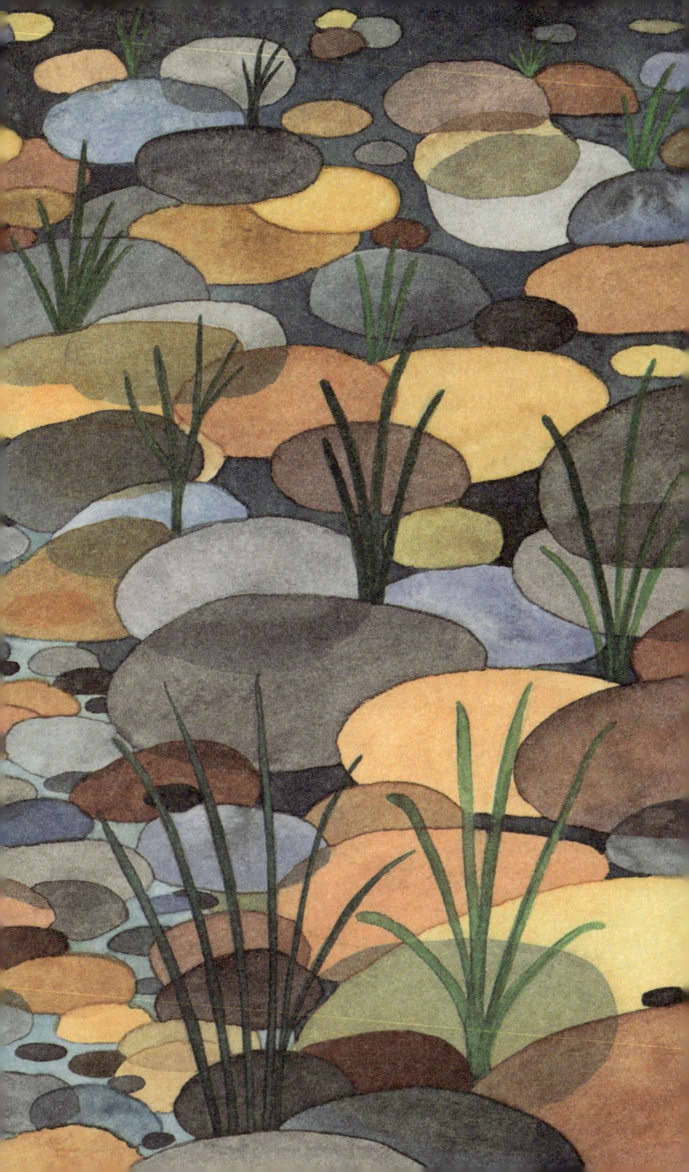

# Meine sechste Erzählschule

## LITERATUR PRODUZIEREN
## IN EINER FREMDEN SPRACHE

Auch darüber habe ich viel geschrieben.[13] Aber da es beim Carl-Zuckmayer-Preis um die Würdigung der Sprachleistung geht, möchte ich über diese sechste Schule meiner Erzählkunst hier kurz berichten. Im Grunde wollte ich nicht auf Deutsch schreiben, denn ich hatte ja eine (als berechtigte Hoffnung perfekt getarnte) Illusion nach Deutschland mitgebracht:

Die Emigrantenliteratur hat in den arabischen Ländern, vor allem aber in Syrien, dem Libanon und Ägypten, einen hohen Stellenwert. Wegen des Hungers nach Brot, Freiheit und Gerechtigkeit unter den Osmanen emigrierten tausende Araber nach Nord- und Südamerika. Dort entstanden starke arabische Gemeinden mit eigenen Zeitungen und eigener Literatur. Khalil Gibran ist der weltbekannteste unter Hunderten von Schriftstellerinnen und Schriftstellern, die im Ausland lebten, aber immer auf Arabisch schrieben. Sie konnten ihre Werke ungehindert in Kairo, Beirut, Bagdad oder Damaskus veröffentlichen. Das war die Grundmauer meiner Hoffnung. Ich würde in Deutschland in Freiheit leben und in Arabien veröffentlichen.

Doch die arabischen Diktaturen lernten schnell. Man unterschätzt sie, aber auch ein erfolgreich putschender Unteroffizier, der gerade noch seinen Namen richtig schreiben kann, kann nach einiger Zeit und mit einem Stab lupenreiner opportunistischer Experten sowie mit der »Entwicklungshilfe« aus dem damaligen Ostblock und dank der Gleichgültigkeit des Westens Entscheidungen treffen, die seine Herrschaft unantastbar machen. Eine dieser Maßnahmen ist die Einigung mit den anderen arabischen Diktatoren, jedwede Literatur von Exilanten zu verbieten.

Jahrelang versuchte ich meine Hoffnung zu retten. Ich habe Manuskripte verschickt und kaum Antworten bekommen. Ein ägyptischer Verleger, dem ich meinen späteren Welterfolg *Erzähler der Nacht* geschickt habe, war immerhin ehrlich. Er sagte mir auf der Frankfurter Buchmesse:

»Der Roman ist gut, aber Sie sind Syrer, warum veröffentlichen Sie nicht in Syrien?

Wir wollen die Beziehung unseres Verlags zu Syrien nicht verderben.«

Die Verlage unter einer Diktatur werden ein Teil von ihr. Lassen Sie sich nicht täuschen, ein irakischer »Exilautor«, der in Damaskus veröffentlicht, ist kein Exilautor, sondern Anhänger des Assad-Regimes, das mit Saddam Hussein verfeindet war. Auch syrische oder ägyptische Islamisten, die in Saudi-Arabien das mörderische Königshaus loben, sind keine Exilautoren, sondern charakterlose Menschen, die nur die Stiefel eines anderen Herrschers lecken.

Es vergingen Wochen, bis ich den Hass wieder aus meinem Herzen vertreiben und nüchtern nach einer Lösung suchen konnte. Sie lag eigentlich auf der Hand: Ich lebte in Deutschland, und eine Rückkehr würde in absehbarer Zeit nicht möglich sein. Meine Freundinnen und Freunde sprachen mit mir Deutsch, unabhängig von ihrer Nationalität. Worauf sollte ich warten?

Also beschloss ich, auf Deutsch zu schreiben. Ich promovierte in Heidelberg im Fach

Chemie, aber ich wollte mehr als das wissenschaftliche oder das alltäglich gebrauchte Deutsch verwenden können. Ich hatte eine große Aufgabe, ich wollte die arabische mündliche Erzählweise mit all ihrem Reichtum, ihren vielen Möglichkeiten und frei von Kitsch ins Deutsche übertragen. Literatur schreiben heißt, den höchsten Anspruch an die Sprache zu stellen.

Die beste Methode zum Speichern eines Textes, einer chemischen Formel oder fremdsprachiger Wörter besteht darin, sie mit der Hand ab- oder aufzuschreiben. Mit den Augen allein gelingt das in der Regel nicht. Deshalb plädiere ich auch dafür, Handschrift in den Schulen beizubehalten und zu fördern.

Ich nahm mir also die *Buddenbrooks* vor, nach der Meinung vieler damaliger Freunde Thomas Manns bester Roman. Mich faszinierte er, weil er ein für mich wichtiges Thema berührte, das ich später vor allem in meinem Roman *Die dunkle Seite der Liebe* behandelt habe, wo ich vom Verfall der arabischen Sippe erzähle. Ich schrieb den Roman Satz für Satz ab, hielt immer wieder inne und fragte mich, wie der Autor die Atmosphäre mit so wenigen Adjektiven erzeugt hat. Arabisch lebt von den Adjektiven. Auf Deutsch dagegen klingen zu viele Adjektive kitschig.

Woher kommt aber diese Neigung der arabischen Sprache zu Adjektiven? Rainer Malkowski hat darauf eine kuriose und zugleich geniale Antwort gegeben:

»Wir leben im schönen Garten der Adjektive. Licht und Schatten arbeiten an den Erscheinungen die charakterisierenden Abweichungen heraus, die nach Benennung verlangen. Wem die Augen keine Worte mehr stiften, weil er im Nebel, in der Unschärfe lebt, der muss sich mit Gattungszuordnung zufriedengeben. Die Sprache wird substantivisch: Baum, Hund, da drüben, wie es scheint, geht ein Mensch.«[14]

Als Gegengewicht zu Thomas Manns ewig langen Sätzen wählte ich als Nächstes den Dichter Heinrich Heine, danach diverse Satiren von

Kurt Tucholsky sowie auch *Das Liebeskonzil* von Oskar Panizza, eine giftige Satire gegen die katholische Kirche. Nach vielen kleinen Erzählungen, die ich als Fingerübung abgeschrieben habe, war meine letzte Station die große Autorin Anna Seghers. Ihr Roman *Transit* ist für mich eines der wichtigsten deutschen Exilwerke. Sie erzählt vom Leid der deutschen Flüchtlinge, die in Marseille festsitzen und versuchen, nach Mexiko zu entkommen, vom endlosen Warten auf eine Rettung. Anna Seghers musste damals selbst in Marseille unendlich lange ausharren, doch der Roman ist mehr als eine Autobiografie.

Ich begann nach all diesen Übungen meine ersten zwei Romane *Eine Hand voller Sterne* und *Erzähler der Nacht* sowie die Kurzgeschichten, die ich mitgebracht hatte, aus dem Arabischen ins Deutsche zu übersetzen. Langsam aber begriff ich, dass mir bei allem Fleiß manche Gebiete der deutschen Sprache nie zugänglich werden würden. Sicher, man kann viele Lücken schließen, doch es gibt, wie ich einmal geschrieben habe, Kämmerlein im Haus der Sprache, die einem immer verschlossen bleiben, wenn man als Kind nicht darin aufgewachsen ist.[15] Manche Angeber möchten unbedingt als geniale Ausländer gelten und tun so, als hätten sie erst in Deutschland Deutsch gelernt. Eine kleine Recherche zeigt aber, dass sie das Privileg hatten, entweder eine deutsche Mutter oder schon in frühen Jahren einen deutschen Kindergarten und eine deutsche Schule besucht zu haben.

Ich habe Aramäisch, Arabisch, Französisch und Englisch gelernt, und deshalb war der Zugang zur deutschen Sprache sicher leichter für mich als für jemanden, der nichts als seine Muttersprache kennt. Trotzdem gibt es immer wieder kleine Fehler, die ich allein nicht entdecken kann. Darunter litten z. B. auch der Franzose Adelbert von Chamisso, der auf Deutsch schrieb, und der Pole Joseph Conrad, der seine Romane in englischer Sprache verfasste. Das stellte aber für beide kein Hindernis dar, Weltliteratur zu schaffen.

Bei allem Bedarf an Hilfe im Exil konnte ich von Anfang an den »Mitleidsbonus« nicht ausstehen. Nein, entweder sollten die Verleger meine Literatur annehmen oder sie wegen des Inhalts und der Form ablehnen, niemals aber wegen sprachlicher Defizite. Daher habe ich eine Woche nach Beendigung meiner Studien per Anzeige einen Lektor oder eine Lektorin gesucht. Und von da an erschien kein Werk von mir ohne die Korrekturen eines Privatlektorats. All denen danke ich für die Sicherheit, die sie mir schenkten. An erster Stelle Root Leeb und später auch Emil Fadel und heute meiner Lektorin Tatjana Michaelis, die sich schon viele Jahre im Hanser Verlag bewährt hat.

Zurück zu meinen Anfängen. Mit Hartnäckigkeit und vor allem Geduld habe ich zwei mitgebrachte Romane, zwei Sammlungen von modernen satirischen Kurzgeschichten sowie einige magische, märchenhafte Geschichten ins Deutsche übersetzt. Ich begann, sie an Verlage zu schicken, und erntete nur Ablehnungen. Die deutschen Verleger antworten fast immer, auch wenn sie das Manuskript (bzw. die Zusammenfassung und Leseprobe von nicht mehr als zehn Seiten) gar nicht gelesen haben. In diesem Fall waren ihre Antworten verlogen.

»Sehr geehrter Herr Schami, ihr Roman ist sehr schön, leider passt er nicht in unser Programm.«

Dabei warteten diese Verlage mit einem unglaublich diversen Angebot auf, angefangen bei Koch-, Bastel- und Gartenbüchern über Romane, Lyrik und Sachbücher bis hin zu Büchern über die Anarchie. Nur mein Romane passten angeblich nicht hinein.

Es ist erstaunlich, dass meine Erlebnisse mit den Verlagen damals nichts Einmaliges an sich hatten. Bis heute bevorzugen und hypen deutsche Verlage amerikanische Autorinnen und Autoren. Die arabischen Verlage tun nichts anderes. Sie zahlen großzügig für gute wie nichtige Werke. Schauen Sie sich einmal vor den Kassen der Buchhandlungen um, vor allen an den Bahnhöfen. Dort treffen Sie dicke Wälzer von Noname-Autorinnen und Autoren, gekauft und übersetzt für viel Geld von Verlagen, die angebotene Skripte von deutschsprachigen Autorinnen und Autoren nicht einmal lesen, angeblich aus Zeitmangel.

Später, als mein Roman *Erzähler der Nacht* einen Welterfolg feierte, schrieben mir dieselben Verlage, die mich abgelehnt hatten, und fragten, ob ich nicht eine Geschichte für sie hätte.

Meine Antwort war ein äußerst höfliches »Nein«.

Dieses Verhalten hat sich bis heute nicht geändert. Ich darf das offen sagen, weil ich keinen Gram mehr im Herzen habe, sondern mich mit allen jungen und auch älteren, noch unbekannten deutschsprachigen Autorinnen und Autoren solidarisiere, deren Werke nicht beachtet werden.

Aber seitdem ich das Glück genieße, mit Root Leeb zu leben, gebe ich kein Skript frei, ohne dass sie als erfahrene Literaturwissenschaftlerin, Schriftstellerin und Kennerin der Mittelmeerkulturen das Manuskript mit mir noch einmal durchgegangen ist, um einige seiner Schönheiten zu retten, die in der Hitze der Lektoratstätigkeit vielleicht beschädigt wurden. So sind meine Romane auf Deutsch, wie ich sie auf Arabisch nicht besser hätte erzählen können.

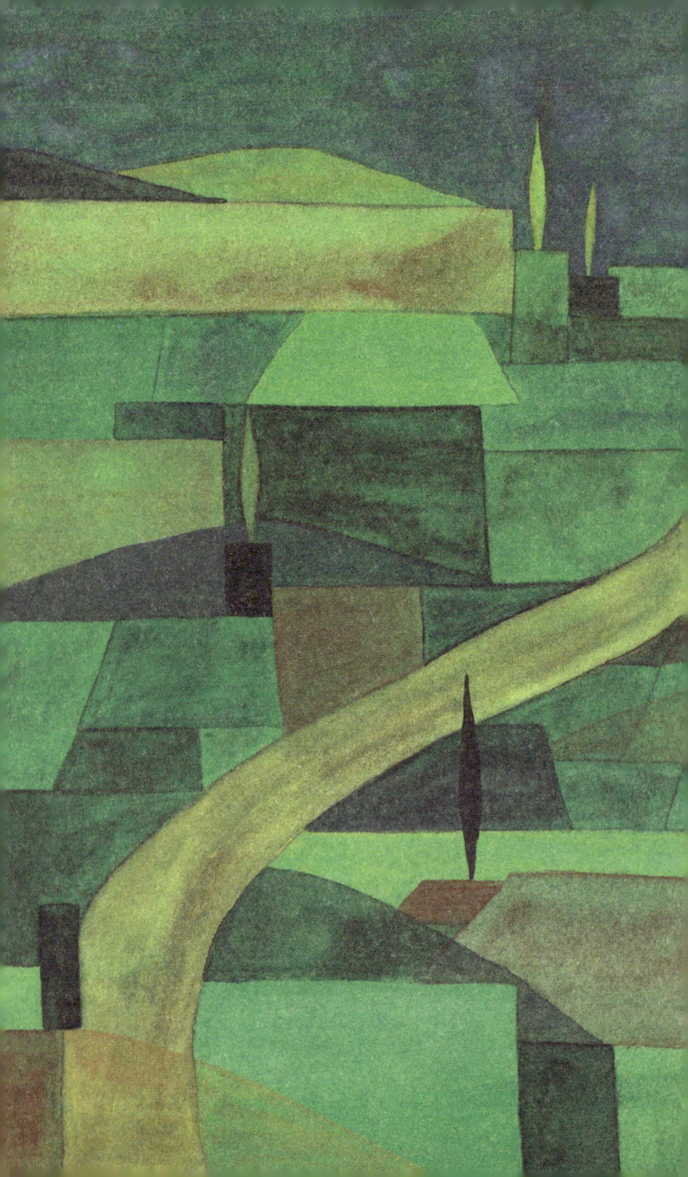

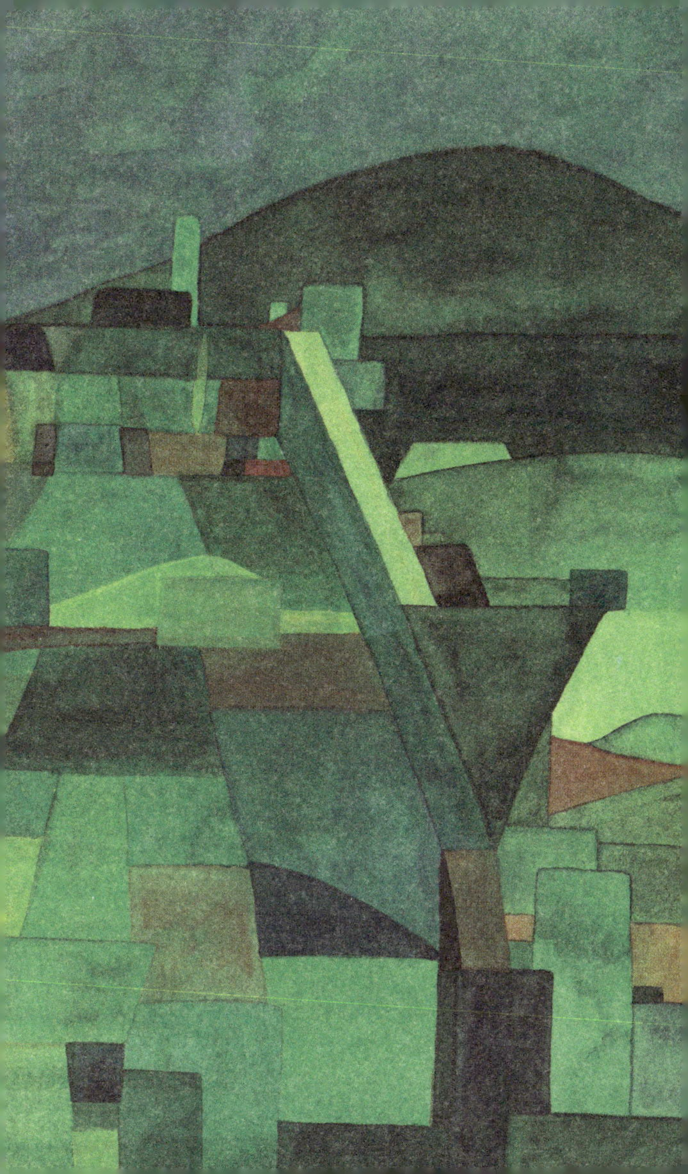

# Meine siebte Erzählschule

## MÜNDLICHES ERZÄHLEN IN DEUTSCHLAND

Die arabische Kultur ist wortbetont. Das hat die Wüste bestimmt. Die Entwicklung der Malerei und Bildhauerei ist unter den Bedingungen der Wüste nicht weit vorangeschritten. Dafür malten die Erzählerinnen und Erzähler, Dichter und Dichterinnen mit der geheimen Farbe der Worte die vielfältigsten Bilder. Halbverhungert und verdurstet beschrieben sie Paradiese, in denen Honig, Milch und Wein fließen. Das Erzählen vertrieb mit den schönsten Farben die Langeweile der einfarbigen Einöde.

Die Kunst des mündlichen Erzählens und Rezitierens hat der arabischen Sprache diese Vielfalt geschenkt. Auch darüber habe ich schon genug berichtet. Jetzt möchte ich aber noch einen wichtigen Punkt behandeln, der unsere Zeit betrifft. Nach vierhundert Jahren osmanischer und mehreren Jahrzehnten des europäischen Kolonialismus, gefolgt von Diktaturen, die bis heute herrschen, litten und leiden die Menschen und mit ihnen ihre Literatur, allen voran die mündliche Erzählkunst. Der mündige (und erzählende) Mensch ist da nie gerne gesehen, denn Diktatur und Kolonialismus wünschten und wünschen sich lieber gesichtslose, stumme Menschen.

Ich habe jahrelang überlegt, wie ich meine mündliche Erzählkunst gestalten und wie ich sie vom Mantel der Zeit befreien, sie also inhaltlich und stilistisch in unsere Zeit transformieren kann.

In Deutschland, das eine beachtliche Tradition des mündlichen Erzählens hat, schrumpfte nicht das Interesse, aber der Respekt davor. Man ließ das Interesse vieler Altersgruppen, vor allem der Kinder und der alten Leute, außer Acht, bezeichnete die Erzählungen als »Kinderkram« und die Erzähler selbst verächtlich als »Märchenonkel«. Wenn man die Synonyme dieses Worts anschaut, offenbart sich sehr deutlich die Haltung dem mündlichen Erzählen gegenüber: »Flunkerer, Lügenbold, Lügenmaul, Bauernfänger, Schwindler, verlogene Fresse.« Ich erspare Ihnen weitere Beleidigungen.[16]

Ich reiste trotzdem durch die Bundesrepublik und hielt pro Jahr mehr als 150 Erzählabende. Die Literaturkritik bedachte meine Aktivitäten zur Verteidigung der mündlichen Erzählkunst mit einem liebevollen Schweigen.

Ich brauchte und brauche selten Hilfe, aber ich bestehe auf Respekt vor dem, was ich tue, und das ist für viele, vor allem auf Seiten der Literaturkritik, ein großes Problem, empfinden es doch viele fast als unzumutbar, einem Menschen aus der sogenannten Dritten Welt auf Augenhöhe zu begegnen. Nun ist das bei mir aber von besonderer Wichtigkeit, nicht nur, weil ich mich wie jeder Mensch durch Respekt sicherer fühle, sondern auch, weil ich bereits in Syrien durch meine Ablehnung der Sippe erkannt habe, dass Respekt die Voraussetzung für jede gute Beziehung ist. Die Sippe kann einem Liebe und Geborgenheit geben, aber keinen Respekt, denn ihr System ähnelt einer Pyramide; die Befehle gehen von oben nach unten, und der Gehorsam geht von unten nach oben. Ich habe einmal eine Satire über einen mir bekannten Syrer in Heidelberg geschrieben, die das verdeutlicht. Er war marxistischer Hegelkritiker, der dann die Cousine heiratete, die seine »Mutti« (er bezeichnete sie tatsächlich so!) für ihn ausgewählt hatte.[17]

Diese Kälte der Gleichgültigkeit mir gegenüber zu überleben, ohne Hass zu entwickeln, war einer der schwierigsten Kurse, den ich während meines Exils in der Schule der Menschlichkeit besucht habe.

Damals gab es weder Comedians noch Slam-Poeten. Das Auftreten war meine einzige Möglichkeit, um meine Literatur den Menschen näherzubringen. Meine damaligen Verlage waren winzig und hatten kaum Mittel, um Werbung für meine Bücher zu machen.

Mein Publikum hat sehr früh schon meine Selbständigkeit geschätzt und mir meinen Erfolg beschert. Es dauerte zwar Jahre, aber ich habe die Hürde überwunden und kann mich heute kaum vor Anfragen nach Erzählabenden retten.

Ich habe erreicht, dass auch die modernsten Themen frei und spannend erzählt werden können, sogar der tausendseitige Roman *Die dunkle Seite der Liebe* oder eines der schwierigsten Themen: die Unmöglichkeit der Rückkehr eines Exilanten in *Sophia oder Der Anfang aller Geschichten*.

Vielleicht interessiert es Sie, wie ich vorgehe. Meine Romane erzähle ich mir selbst schon während ihrer Entstehung. Sobald der Roman dann als Buch vorliegt, beginnt die eigentliche Vorbereitung auf die Tournee. Sie dauert mehrere Monate und ist für mich ein großes Vergnügen. Ich erstelle fünf Varianten des Romans, sodass ich fünfmal in der Woche auftreten kann, ohne mich zu langweilen. Das ist auch wichtig, um papageienhafte Wiederholungen zu vermeiden. Damit stellt jeder Abend eine Herausforderung für mich dar, die mir das Erzählen immer spannend macht. Jeder Abend ist ein Unikat. Und das spürt das Publikum.

Sicherheitshalber lege ich mir einen Zettel mit einigen Stichpunkten neben das Wasserglas auf meinem Pult, falls ich – was selten passiert – nicht mehr weiß, welcher Abschnitt noch erzählt werden muss. Auf diesem Zettel steht eine Liste, ein roter Faden der Stationen der Romanvariante dieses Abends.

Wer mündlich erzählen will, muss drei Voraussetzungen mitbringen: ein sehr gutes Gedächtnis, mit dem man die Geschichte verinnerlicht, um sie später auf der Bühne zum Leben zu erwecken. Auswendiglernen kann für die Rezitation wichtig sein, für das mündliche Erzählen ist es eine Falle, denn nach einem einzigen Blackout ist die Geschichte hin. Auch eine gute Stimme ist eine Bedingung. Eine piepsende oder krächzende Stimme ermüdet das Publikum und verhindert die Konzentration auf die Geschichte. Und dann gibt es noch eine dritte entscheidende Voraussetzung für das mündliche Erzählen: der Respekt vor dem Publikum. Wer Bücher schreibt, muss ihn nicht unbedingt fühlen – schreibt er gut, so werden seine Geschichten geliebt.

Auf der Bühne jedoch geht es nicht ohne Respekt. Manch ein Autor tritt unvorbereitet, chaotisch, halbbetrunken, schlecht gelaunt oder arrogant auf und geht davon aus, dass das Publikum dankbar sein sollte, überhaupt seiner Lesung beiwohnen zu dürfen. Das ist ein großer Irrtum. Die Kritik des Publikums ist die ehrlichste aller Kritiken: Die Leute kommen nicht mehr zu solchen Autorinnen und Autoren.

In vierzig Jahren und bis zum (coronabedingten) Abbruch meiner Tournee im Frühjahr 2020 habe ich 2.670 Lesungen gehalten und bin dabei ca. 430.000 km gefahren, mit anderen Worten: Ich bin erzählend zehnmal um die Erde gereist. An all diesen Abenden erlebte ich eine ungeheure Zuneigung meines Publikums, die mich bis heute sehr rührt und die damals meine Zunge befreit hat. Dafür bin ich dankbar, solange ich lebe.

# Dank

An erster Stelle möchte ich mich bei der Ministerpräsidentin des Landes Rheinland-Pfalz, Malu Dreyer, für ihre rührende Rede[18] und große Gastfreundschaft bedanken, ebenso bei ihrem Mann Klaus Jensen für seine humorvolle, freundliche Art. Freundlichkeit ist Gastfreundschaft.

Meiner Frau Root Leeb danke ich für all die Jahre, in denen ihre Liebe, Klugheit und Standhaftigkeit mir an manchen Kreuzungen halfen, weiterzugehen. Emil Fadel, mein Sohn, ist heute mein bester Freund. Er stand mir mit seiner leisen Hingabe bei jeder Not bei und hat mich des Öfteren im digitalen Labyrinth wie ein guter Navigator heil aus diversen Problemen herausmanövriert.

Horst Lauinger, mein Freund und Laudator[19], hat mich immer fasziniert mit seinem Gespür für die Notwendigkeit einer literarischen Publikation – unabhängig davon, ob das Werk Erfolg versprach oder nicht. Sein

Charme und sensibler Sinn für Humor schenkten mir Zeiten des Lachens.

Jo Lendle, mein Verleger, zeigte mir, wie man auch als erfolgreicher Verleger stets mit beiden Füßen freundlich lächelnd auf dem Boden stehen kann.

Markus Müller hat mich mit seinem Team im Staatstheater Mainz (wo ich viele Erzählabende genossen habe und diese Rede gehalten wurde) immer als großer sensibler Gastgeber fasziniert.

Meine Verleger Hans Schiler und Tim Mücke standen mir immer zur Seite, bereit, jedes Risiko anzunehmen, wenn ich ihnen literarische Projekte angeboten habe. Sie achteten nie darauf, ob diese Bücher Ärger hervorrufen würden oder nicht. Sie machten sie. Nur so war es möglich, die Swallow Editions, die ich gegründet habe und deren Herausgeber ich bin, in deutscher Sprache herauszugeben. Es ist eine Edition, die zensur-, langeweile-, diktatur- und erdölfrei ist.

Meinem Publikum gebührt ein spezieller Dank. Es hat meinen Traum unterstützt, die mündliche Erzählkultur in unsere Zeit zu transformieren. Über vierzig Jahre begleiten mich die treuen Zuhörerinnen und Zuhörer mit Zuneigung und Entschiedenheit. Davon habe ich nicht einmal zu träumen gewagt.

Last but not least danke ich Klaus Farin, Autor und Verleger: Er war der erste Deutsche, der bereits 1982 ein Buch von mir besprochen hat. Das hat mich zutiefst beeindruckt. Wir sind seitdem Freunde.

# ANMERKUNGEN

1 Schami, Rafik: *Gegen die Gleichgültigkeit*. Schiler & Mücke 2021.
2 Vgl. https://www.spiegel.de/kultur/gesellschaft/goethe-party-hunderttausend-geburtstagsgaeste-erwartet-a-36732.html.
3 »Mein Sternzeichen ist der Regenbogen«. Erschienen im gleichnamigen Buch, Hanser 2021.
4 »Gott ist todt! Gott bleibt todt! Und wir haben ihn getödtet! Wie trösten wir uns, die Mörder aller Mörder?« Nietzsche, Friedrich: »Der tolle Mensch.« In: *Die fröhliche Wissenschaft*. Drittes Buch. Goldmann 1959, S. 167.
5 Sie ist ineffizient, weil die Vorstandsmitglieder wie die stalinistischen Parteibonzen leben und die Postboten atemlos hinter der Erfüllung ihres Pensums herrennen müssen. Jede Postbotin, jeder Postbote leistet heute die Arbeit von zwei bis drei früheren Postboten.
6 Früher war ich sicher, es wäre Radio Damaskus, aber mehrere Freunde sagten mir, es sei Radio Kairo gewesen.
7 In Nachahmung des sowjetischen Vorbilds herrschte der syrische Generalsekretär Chaled Bakdasch fast 60 Jahre (von 1936 bis zu seinem Tod 1995); dann vererbte er die Herrschaft an seine Witwe Wissal Bakdasch (1995 bis 2010) und sie wiederum an ihren Sohn Ammar Bakdasch (2010 bis heute). Das soll kommunistisch sein?

8 Der Mann ist bis heute ZK-Mitglied und mit seiner Partei ein Unterstützer des Diktators Assad, trotz des mehrfachen Völkermords, den das Regime beging.
9 »Hürdenlauf«, eine Rede, gehalten am 28. Juni 1996 im Institut für Jugendbuchforschung der Johann-Wolfgang Goethe-Universität, Frankfurt am Main. Erschienen in *Damaskus im Herzen, Deutschland im Blick.* Hanser 2006, S. 127–151.
10 Ein erstrangiger Satiriker und einer der ersten Science-Fiction-Autoren der Antike *(Luftreisen, Wahre Geschichten).* Geboren am Euphrat (in der römischen Provinz Syrien) wanderte er aus und starb nach einem sehr produktiven Leben mit fast 80 Werken in Alexandria. Er war ein Meister der Dialogkunst *(Göttergespräche, Totengespräche, Hetärengespräche).*
11 *Ich wollte nur Geschichten erzählen. Mosaik der Fremde.* Hirnkost/Hans Schiler 2017, S. 7.
12 »Hürdenlauf.« In: *Damaskus im Herzen, Deutschland im Blick.* Hanser 2006, S.143ff.
13 In: *Vom Zauber der Zunge.* Verlag im Waldgut 1991 und dtv 1996.
14 Malkowski, Rainer: *Im Dunkeln wird man schneller betrunken.* Nagel & Kimche 2000, S. 18f.
15 Vgl. »Wie ich Frau Sprache verführte«, in: *Vom Zauber der Zunge.* Verlag im Waldgut 1991 und dtv 1996, S. 61ff.
16 Interessierte können sie dennoch hier nachlesen: https://langua.de/synonym/M%C3%A4rchenonkel.

17 »Der Hegelvernichter«. In: *Ich wollte nur Geschichten erzählen. Mosaik der Fremde.* Hirnkost/Hans Schiler 2017, S. 64ff.
18 Siehe Sonderdruck: *Carl-Zuckmayer-Medaille des Landes Rheinland-Pfalz 2022.* Hrsg.: Die Ministerpräsidentin des Landes Rheinland-Pfalz, Staatskanzlei, Mainz 2022, S. 9ff.
19 Horst Lauinger, Laudatio auf Rafik Schami, ebenda S. 17ff. Online unter: https://www.hanser-literaturverlage.de/files/horst_lauinger_laudatio_auf_rafik_schami__2022_.pdf

## BIOGRAFIE

| | |
|---|---|
| 1946 | in Damaskus / Syrien geboren |
| 1965–1970 | Gründung und Leitung der Wandzeitung *Al-Muntalak*, »der Ausgangpunkt«, im alten Stadtviertel von Damaskus |
| 1971 | in die Bundesrepublik ausgewandert |
| 1971–1979 | Arbeit in Fabriken und als Aushilfskraft in Kaufhäusern, Restaurants und Baustellen. Studium der Chemie |
| 1979 | Promotion |
| 1971–1977 | Veröffentlichungen in Zeitschriften und Anthologien, in arabischer und deutscher Sprache |
| 1980 | Mitgründer der Literaturgruppe *Südwind* und des PoLiKunst-Vereins |
| 1980–1985 | Mitherausgeber und Autor der Reihe *Südwind-Gastarbeiterdeutsch* und der Reihe *Südwind-Literatur* (insgesamt 13 Bände) |
| Seit 1982 | freier Schriftsteller |
| Seit 2002 | Mitglied der Bayerischen Akademie der Schönen Künste |
| 2008 | Gründung der Reihe *Wort-Klang* mit dem Musikverleger Patrik Landolt, eine CD-Reihe von Musiker(inne)n und Schriftsteller(inne)n. |
| 2011 | Gründer und Herausgeber der Literaturreihe *Swallow Editions* für Literatur aus den arabischen Ländern. Hier die |

|       | Homepage in drei Sprachen: |
|       | https://www.swalloweditions.net/ |
| 2012  | Mit Freunden Gründung des Vereins Schams e. V. zur Förderung und Unterstützung von syrischen Kindern und Jugendlichen |
| 2015  | Herausgeber der Reihe *Sechs Sterne* |

## PREISE UND AUSZEICHNUNGEN

| | |
|---|---|
| 1985 | Adalbert-von-Chamisso-Förderpreis für sein Gesamtwerk |
| 1986 | Thaddäus-Troll-Preis für *Der Fliegenmelker* |
| 1987 | Die blaue Brillenschlange (Schweiz) für *Eine Hand voller Sterne* |
| 1987 | ZDF-Leseratten-Preis für *Eine Hand voller Sterne* |
| 1987 | Zürcher-Kinder- und Jugendbuchpreis (Schweiz) für *Eine Hand voller Sterne* |
| 1987 | Ehrenliste des Staatspreises (Österreich) für sein Gesamtwerk |
| 1989 | Smelik-Kiggen-Preis (Niederlande) für sein Gesamtwerk |
| 1990 | Rattenfängerpreis der Stadt Hameln für *Erzähler der Nacht* |
| 1990 | Phantastik-Preis der Stadt Wetzlar für *Erzähler der Nacht* |
| 1991 | Mildred L. Batchelder Award (USA) für sein Gesamtwerk |

| 1993 | Adalbert-von-Chamisso-Preis für sein Gesamtwerk |
| 1994 | Hermann-Hesse-Preis für *Der ehrliche Lügner* |
| 1996 | Prix de Lecture (Frankreich) für *Der Schnabelsteher* |
| 1997 | Hans-Erich-Nossack-Preis für sein Gesamtwerk |
| 1997 | Storytelling World Award (USA) |
| 2002 | Heidelberger Leander (BRD) |
| 2003 | Weilheimer Literaturpreis (BRD) |
| 2003 | Kunstpreis Rheinland-Pfalz (BRD) |
| 2007 | Literaturpreis der Stadt Dortmund – Nelly-Sachs-Preis |
| 2009 | Book of the Year Awards, Silber für *Die dunkle Seite der Liebe* |
| 2010 | Brüder-Grimm-Professor der Universität Kassel |
| 2010 | IPPY-Goldmedaille für *Die dunkle Seite der Liebe* |
| 2011 | Georg-Glaser-Preis für Literatur |
| 2011 | Preis gegen das Vergessen und für Demokratie |
| 2012 | Eine Stadt ein Buch, für den Roman *Eine Hand voller Sterne* (Wien) |
| 2013 | Den erstmalig verliehenen Tüddelband-Preis der Stadt Hamburg |
| 2015 | Hermann-Sinsheimer-Preis der Stadt Freinsheim |
| 2015 | wurde sein Buch *Eine Hand voller Sterne* als Buch für die Stadt (Köln) ausgewählt |
| 2015 | Preis der Stiftung Bibel & Kultur. |

| 2015 | Großer Preis der Akademie für Kinder- und Jugendliteratur. |
| 2018 | Elisabeth-Langgässer-Literaturpreis. |
| 2018 | Gustav-Heinemann-Friedenspreis für Kinder- und Jugendliteratur für *Sami und der Wunsch nach Freiheit* |
| 2018 | Jugendbuchpreis der Stiftung Weltethos für *Sami und der Wunsch nach Freiheit* |
| 2022 | Carl-Zuckmayer-Medaille für seine Verdienste um die deutsche Sprache |

Die Laudationes für mehrere Preise können auf Rafik Schamis Seite gelesen werden: https://www.hanser-literaturverlage.de/themen/rafik-schami

## BIBLIOGRAFIE
### Bücher in deutscher Sprache

1. Das letzte Wort der Wanderratte, Neuer Malik (Kiel), 1984
2. Der Fliegenmelker, Arabisches Buch (Berlin), 1985
3. Der erste Ritt durchs Nadelöhr, Neuer Malik (Kiel), 1985
4. Bobo und Susu, Jungbrunnen (Wien), 1986
5. Eine Hand voller Sterne, Beltz & Gelberg (Weinheim), 1987
6. Malula, Neuer Malik (Kiel), 1987
7. Erzähler der Nacht, Beltz & Gelberg (Weinheim), 1989

8. Der Wunderkasten, Beltz & Gelberg (Weinheim), 1990
9. Vom Zauber der Zunge, Im Waldgut (Schweiz), 1991
10. Der fliegende Baum, Neuer Malik (Kiel), 1991
11. Der ehrliche Lügner, Beltz & Gelberg (Weinheim), 1992
12. Das ist kein Papagei, Carl Hanser Verlag (München), 1994
13. Der brennende Eisberg, Verlag im Waldgut (Schweiz), 1994
14. Der Schnabelsteher, Nord-Süd-Verlag (Hamburg), 1995
15. Reise zwischen Nacht und Morgen, Carl Hanser Verlag (München), 1995
16. Fatima und der Traumdieb, Nord-Süd-Verlag (Hamburg), 1996
17. Gesammelte Olivenkerne, Carl Hanser Verlag (München), 1997
18. Milad, Carl Hanser Verlag (München), 1997
19. Albin und Lila, Nord-Süd-Verlag (Hamburg), 1999
20. Der geheime Bericht über Goethe, Carl Hanser Verlag (München), 1999, mit U. M. Gutzschhahn
21. Sieben Doppelgänger, Carl Hanser Verlag (München), 1999
22. Die Sehnsucht der Schwalbe, Carl Hanser Verlag (München), 2000
23. Damaskus, der Geschmack einer Stadt mit Marie Fadel, Sanssouci Verlag, 2002
24. Mit fremden Augen, Palmyra (Heidelberg), 2002

25. Die Farbe der Worte, ars vivendi (Cadolzburg), 2002, mit Root Leeb
26. Wie ich Papa die Angst vor Fremden nahm, Carl Hanser Verlag (München), 2003
27. Die dunkle Seite der Liebe, Carl Hanser Verlag (München), 2004
28. Damaskus im Herzen, Carl Hanser Verlag (München), 2006
29. Der Kameltreiber von Heidelberg, Carl Hanser Verlag (München), 2006
30. Das Geheimnis des Kalligraphen, Carl Hanser Verlag (München), 2008
31. Eine deutsche Leidenschaft namens Nudelsalat, Deutscher Taschenbuch Verlag (München), 2011
32. Die Frau, die ihren Mann auf dem Flohmarkt verkaufte, Carl Hanser Verlag (München), 2011
33. Wie sehe ich aus? fragte Gott, Edition Chrismon (Frankfurt), 2011
34. Das Herz der Puppe, Carl Hanser Verlag (München), 2012
35. Hast du Angst? fragte die Maus, Beltz (Weinheim), 2013
36. Meister Marios Geschichte, Carl Hanser Verlag (München), 2013
37. Der Mut, die Würde und das Wort, edition Syndikat (Karlsruhe), 2013
38. Sophia oder Der Anfang aller Geschichten, Hanser (München), 2015
39. Ich wollte nur Geschichten erzählen, Verlag Schiler & Mücke, Verlag Hirnkost, Berlin 2017

40. Die geheime Mission des Kardinals, Carl Hanser Verlag (München), 2019
41. Mein Sternzeichen ist der Regenbogen, Carl Hanser Verlag (München) 2020
42. Gegen die Gleichgültigkeit, Schiler & Mücke, Berlin, 2021
43. Die Geburt, mit Mehrdad Zaeri, edition Chrismon (Leipzig) 2021
44. Wenn du erzählst, erblüht die Wüste, Carl Hanser Verlag (München) 2023

## Übersetzungen

Rafik Schamis Bücher sind bisher in 34 Sprachen erschienen: Arabisch, Baskisch, Bosnisch, Bulgarisch, Chinesisch, Dänisch, Deutsch, Englisch, Estnisch, Finnisch, Französisch, Galizisch, Griechisch, Hebräisch, Italienisch, Japanisch, Katalanisch, Koreanisch, Kroatisch, Niederländisch, Norwegisch, Persisch, Polnisch, Portugiesisch, Russisch, Schwedisch, Serbisch, Slowenisch, Spanisch, Tschechisch, Türkisch, Ungarisch, Urdu und Usbekisch.

## Herausgeber

1. Südwind-Literatur, 13 Bände, Edition CON, Bremen 1980–1986
2. Wie kam die Axt in den Rücken des Zimmermanns, Sanssouci Verlag, 1999

3. Sechs Sterne, 6 Bände. ars Vivendi, Cadolzburg, 2015–2020
4. Flucht aus Syrien – neue Heimat Deutschland? Mit Klaus Farin, Verlag Hirnkost, Berlin 2018
5. Swallow-Editions 5 Bände, Schiler & Mücke, 2012–

## Theaterstücke und Hörspiele

1. Als die Puppen aus der Reihe tanzten. Regie G. Naasan. (Uraufführung), München, 1987
2. Der Kameltreiber von Heidelberg (RIAS), Berlin, 1986
3. Zu Besuch bei Harry Heine (SDR), Stuttgart, 1997

## Hörbücher

1. Der Kameltreiber von Heidelberg, Patmos, 1987
2. Verrückt zu sein ist gar nicht so einfach, Network, 1988
3. Murmeln meiner Kindheit (3 CDs & 3 MCs), Network, 1995
4. Die Farbe der Worte (2 CDs & 2 MCs), Hörverlag, 2000
5. Eine Hand voller Sterne (2CDs & 2 MCs), Network, 2000
6. Der Wunderkasten, König Tutnix (2 CDs), Network, 2003
7. Der Schnabelsteher & der Fliegende Baum mit Duo Pianoworte, Randomhouse, 2005

8. Das Schaf im Wolfspelz, Terzio, 2005
9. Die dunkle Seite der Liebe (21 CDs & 2 MP 3), Steinbach sprechende Bücher, 2005
10. Märchen aus Malula (2 CDs), Steinbach sprechende Bücher, 2006
11. Erzähler der Nacht (3 CDs), Beltz, 2006
12. Die Sehnsucht der Schwalbe (6 CDs), Steinbach sprechende Bücher, 2006
13. Reise zwischen Nacht und Morgen (6 CDs), Steinbach sprechende Bücher, 2007
14. Sie liebt ausgerechnet Bobo (1 CD), Steinbach sprechende Bücher, 2007
15. Eine Hand voller Sterne (3 CDs), Beltz, 2007
16. Damaskus, der Geschmack einer Stadt (3 CDs), Steinbach sprechende Bücher, 2008
17. Das Geheimnis des Kalligraphen (6 CDs), Steinbach sprechende Bücher, 2008
18. Abbara, mit Günter B. Sommer (1 CD), Intakt, 2008
19. Murmeln meiner Kindheit (neue Ausgabe, 3 CDs), Steinbach sprechende Bücher, 2009
20. Zwei Weihnachtsgeschichten, Steinbach, 2010
21. Die Frau, die ihren Mann auf dem Flohmarkt verkaufte, Steinbach sprechende Bücher, 2011
22. Die Farbe der Worte (2 CDs), Steinbach sprechende Bücher, 2011
23. Eine deutsche Leidenschaft namens Nudelsalat, Steinbach sprechende Bücher, 2012
24. Der Tretroller und andere Geschichten, Steinbach sprechende Bücher, 2013

25. Milad (2 CDs), Steinbach sprechende Bücher, 2014
26. Der erste Ritt durchs Nadelöhr, Steinbach sprechende Bücher, 2014
27. Sophia oder Der Anfang aller Geschichten (9 CDs), Steinbach sprechende Bücher, 2015
28. Der Kameltreiber und andere Geschichten (1 CD), Steinbach sprechende Bücher, 2017
29. Ich wollte nur Geschichten erzählen (1CD), Steinbach sprechende Bücher, 2017
30. Sami und der Wunsch nach Freiheit (2 CDs), Steinbach sprechende Bücher, 2017
31. Verrückt zu sein ist gar nicht so einfach (1 CD), Steinbach sprechende Bücher, 2019
32. Die geheime Mission des Kardinals (2 CDs), Steinbach sprechende Bücher, 2019
33. Von Gott, der Welt und dem kleinen Teufel (1 CD), Steinbach sprechende Bücher, 2020
34. Mein Sternzeichen ist der Regenbogen (2CDs), Steinbach sprechende Bücher, 2021

Rafik Schami:
**Ich wollte nur Geschichten erzählen**
Mosaik der Fremde

In Kooperation mit dem Verlag Hans Schiler

Hardcover, 176 Seiten
20,5 × 13,5 cm, 18,00 €

ISBN: 978-3-945398-65-4

Am 19. März 1971 landete in Frankfurt am Main das Flugzeug, das Rafik Schami nach Deutschland brachte. Die Entscheidung, seine Heimat Syrien zu verlassen, war ein Sprung ins kalte Wasser – und in die Freiheit. In Texten, die sich wie Mosaiksteine zu einem bunten Gemälde zusammenfügen, entwirft er sein persönliches und doch universelles Bild vom Leben als Exilautor. Im Bild werden die Mühen des Ankommens ebenso lebendig wie die Tücken und Freuden des Lebens und Schreibens in der Fremde und in einer fremden Sprache.

**Gibt's überall, wo es Bücher gibt, und direkt bei uns: https://shop.hirnkost.de/**

Root Leeb:

**Tramfrau**

Aufzeichnungen
und Abenteuer der
Straßenbahnfahrerin
Roberta Laub

Hardcover, 116 Seiten
11,8 × 18 cm, 18,00 €

ISBN: 978-3-98857-096-3

Roberta Laub, Straßenbahnfahrerin, erzählt in kurzen Episoden über ihren Arbeitsalltag und über ein geliebtes öffentliches Verkehrsmittel, das gerade vielerorts eine Renaissance erlebt.

»Was auch immer jemand von dieser Straßenbahnfahrerin erwartet – mich, Roberta, vermutet hier natürlich niemand.«

**Gibt's überall, wo es Bücher gibt, und direkt bei uns: https://shop.hirnkost.de/**